LA TORMENTA PERSA

PROFECÍA BÍBLICA Y LA AMENAZA FINAL DE IRÁN A ISRAEL

MARK HITCHCOCK

GRUPO NELSON
Desde 1798

La tormenta persa

Publicado por Grupo Nelson, 501 Nelson Place, Nashville, TN 37214 EE. UU.
Grupo Nelson es una marca registrada de HarperCollins Christian Publishing Inc.
www.gruponelson.com

Título en inglés: *The Persian Storm*

Publicado por Nelson Books

Este libro incluye contenido actualizado de *Showdown with Iran: Nuclear Iran and the Future of Israel, the Middle East, and the United States in Biblical Prophecy* [Enfrentamiento con Irán: un Irán nuclear y el futuro de Israel, el Medio Oriente y Estados Unidos en la profecía bíblica]. © 2020 por Mark Hitchcock.

ISBN: 9781400262151

HarperCollins Publishers, Macken House, 39/40 Mayor Street Upper, Dublin, 1, D01 C9W8, Ireland (https://www.harpercollins.com).

La información sobre la clasificación de la Biblioteca del Congreso estará disponible previa solicitud.

A mi nuera Ellen:
Eres una maravillosa bendición de Dios
para Samuel y tus preciosos hijos,
pero también para mí y toda nuestra familia,
más allá de lo que podríamos pedir o imaginar.
Doy gracias a Dios todos los días por
haberte hecho parte de nuestra familia
y traer tu radiante alegría a nuestras vidas.

CONTENIDO

COMUNICADO URGENTE: IRÁN EN CRISIS

EN EL INSTANTE EN QUE ESCRIBO ESTAS LÍNEAS, Irán vuelve a acaparar los titulares, en medio de una ofensiva militar masiva sostenida por fuerzas estadounidenses e israelíes.

El trasfondo de esta situación es un movimiento de protesta del pueblo iraní, el cual comenzó el 28 de diciembre de 2025, como expresión del malestar popular por el colapso de la moneda y la inflación en ascenso vertiginoso. El rial iraní había perdido casi el 80 % de su valor y la población civil de Irán ya no podía comprar ni las necesidades más básicas.

La revuelta inicial, protagonizada por tenderos y mercaderes del Gran Bazar de Teherán, no tardó en extenderse a las treinta y una provincias del país. Una marea humana se volcó a las calles, en lo que muchos ya describían como el mayor levantamiento popular en Irán desde la Revolución islámica de 1979.

Los titulares que siguieron fueron tan abrumadores como desgarradores:

El canal de televisión *Iran International* informó que, para el 10 de enero de 2026, al menos dos mil manifestantes habían muerto en todo el país durante las cuarenta y ocho horas previas, a medida que las fuerzas de seguridad iraníes intensificaban el uso de munición real contra los manifestantes. En las ciudades de Teherán y Shiraz, los hospitales terminaron saturados de manifestantes heridos, muchos con heridas de bala.[1] Las cifras más recientes apuntan a entre treinta y cuarenta mil muertos. El 3 de enero, tras la muerte de al menos once manifestantes a manos de las fuerzas de seguridad, el líder supremo Alí Jameneí declaró que «a los alborotadores hay que ponerlos en su lugar». Jameneí fue abatido semanas después, en los ataques conjuntos de Estados Unidos e Israel iniciados el 28 de febrero.[2]

Según las noticias de la cadena CNN, los manifestantes hablaron de «enormes multitudes y una sensación de esperanza, pero también de violencia brutal y de "cuerpos apilados unos sobre otros" en un hospital». Un médico dijo a CNN que los hospitales estaban «sumidos en un caos extremo» y que los pacientes temían ser identificados en medio de la represión de las autoridades.[3]

Luego del 8 de enero, el régimen iraní impuso un bloqueo casi total de internet con el fin de encubrir la verdadera dimensión de las protestas y de la feroz represión. A pesar de este apagón en las comunicaciones, siguieron apareciendo imágenes de manifestantes que coreaban «Muerte al dictador» y «Muerte a Jameneí», consignas que en otro tiempo habrían significado una ejecución segura. Hubo quienes llegaron a clamar «Viva el sha», expresando así su respaldo al retorno de Reza Pahlaví, hijo exiliado del último sha, quien huyó de Irán en 1979.[4]

El presidente de Estados Unidos, Donald Trump, amenazó en repetidas ocasiones con una acción militar contra Irán si el régimen persistía en ejercer violencia letal contra los manifestantes. De acuerdo con *Iran International*, Trump recibió el 12 de enero un informe de altos funcionarios sobre posibles cursos de acción, «incluyendo ataques militares, operaciones cibernéticas y medidas psicológicas para respaldar a los manifestantes». Entretanto, el ministro de Relaciones Exteriores de Irán, Abás Araqchí, declaró que Irán estaba abierto a las negociaciones, pero también «plenamente preparado para la guerra».[5]

Las negociaciones se dilataban y la paciencia de los estadounidenses e israelíes se agotaba ante la ausencia de resultados concretos. La represalia militar que había blandido como amenaza acabó convirtiéndose en una realidad demoledora.

Por ahora, nadie sabe cómo acabará realmente todo esto. ¿Quedará algún vestigio de la República Islámica de Irán? ¿Terminará todo en una guerra civil? ¿Intervendrán potencias extranjeras? ¿O se abrirá paso una transición pactada? La situación cambia rápidamente.

UN LIBRO SOBRE LA BIBLIA, NO SOBRE LOS TITULARES

Este libro fue escrito en uno de los períodos más convulsos de la historia del Medio Oriente. Desde que empecé a trabajar en este manuscrito, hemos sido testigos del ataque de Hamás contra Israel del 7 de octubre de 2023 y de la guerra devastadora que se desató después; del asesinato, a manos de Israel, del líder de Hezbolá, Hasán Nasralá, en septiembre de 2024; del sorprendente colapso del régimen de Asad en Siria en diciembre de 2024, tras cincuenta y cuatro años de dominio familiar; de la confrontación militar directa entre Israel e Irán en abril y octubre de 2024; de los ataques a gran escala de la operación León Ascendente lanzados por Israel contra instalaciones nucleares iraníes en junio de 2025; de los bombardeos estadounidenses contra los complejos nucleares más fortificados de Irán; de una guerra de doce días seguida de una tregua frágil; de un levantamiento popular que podría reconfigurar a Irán en los años venideros y, ahora, de una ofensiva militar masiva de las fuerzas de Estados Unidos e Israel que acabó con la vida del líder supremo Alí Jameneí y de varios otros dirigentes iraníes.

He hecho cuanto he podido por poner este libro al día frente a acontecimientos de semejante magnitud. Pero hay algo que quiero que tengas claro: *para cuando este libro llegue a tus manos, lo más probable es que la situación ya sea distinta de la que hoy conocemos*. La crisis que vive Irán podría derivar en escenarios que ninguno de nosotros puede prever en este momento.

Aun así hay algo que sí sé con absoluta certeza: sea cual sea el desenlace de esta crisis, *Dios tiene el control*. Siempre ha sido así. Lo que ocurre entre las naciones nunca toma al Señor por sorpresa. Él no modifica Sus planes sobre la marcha. Pase lo que pase en Irán, se levante o caiga cualquier gobierno, surjan o desaparezcan sus líderes, los designios proféticos de Dios seguirán adelante tal y como Él los ha decretado.

Este libro, en última instancia, no aborda los hechos de actualidad sino la profecía bíblica. Los titulares no cambian la Palabra de Dios.

Hace más de 2.600 años, el profeta Ezequiel predijo que, en los «años postreros», una nación llamada Persia, es decir, lo que hoy es Irán, se uniría a una coalición de naciones encabezada por un gobernante del lejano norte para invadir Israel. Esta profecía, que se encuentra en los capítulos 38 y 39 de Ezequiel, aún no ha tenido un cumplimiento final. Pero las circunstancias que preparan ese cumplimiento se están alineando de manera extraordinaria, como muestro a lo largo de este libro.

Conviene tener presente algo fundamental: Ezequiel no precisa en ningún momento qué tipo de régimen tendrá Persia cuando se produzca esta invasión. La profecía no dice que Irán será gobernado por ayatolas o mulás, ni que será una teocracia islámica, una democracia o una monarquía restaurada. La Biblia se limita a decir que Persia, es decir, el territorio que hoy identificamos como Irán, integrará esta coalición de los últimos tiempos contra Israel.

Eso significa que, más allá de lo que ocurra en la actual revuelta, ya sea que la República Islámica de Irán sobreviva, se transforme o se derrumbe por completo, la trayectoria profética sigue siendo la misma. La Palabra de Dios se cumplirá. Irán, cualquiera que sea la forma política que adopte, acabará cumpliendo el papel que Ezequiel describió.

EL PAPEL DE PERSIA EN LA HISTORIA DE DIOS

Conviene detenerse un momento para recordar que Persia ocupa desde hace mucho un lugar significativo en el despliegue del plan de Dios. No es la primera vez que esta antigua nación se sitúa en el foco de los acontecimientos mundiales y de la historia bíblica.

El profeta Daniel sirvió en la corte persa y, bajo este dominio, recibió algunas de las visiones proféticas más detalladas de todas las Escrituras. Asimismo, en las profecías de Isaías, Dios llamó a Ciro, rey de Persia, «mi pastor» y «Su ungido» (Isaías 44:28; 45:1), títulos asombrosos para un rey pagano. Esta profecía se cumplió cuando, tiempo después, Ciro emitió el decreto que autorizó a los exiliados judíos a volver a Jerusalén y reconstruir el Templo, tal como lo registran los libros de Esdras y Nehemías. El libro de Ester se desarrolla enteramente en Persia, donde Dios, en Su providencia, preservó al pueblo judío de la aniquilación mediante una intriga que anticipa de manera inquietante las amenazas iraníes modernas contra Israel.

Dicho de otro modo, Persia ha sido parte de la historia de Dios desde hace milenios. El territorio que hoy llamamos Irán ha presenciado el auge y la caída de imperios, la preservación del pueblo de Dios y el cumplimiento gradual de la profecía bíblica. No obstante, de acuerdo con Ezequiel, el papel de Persia en el drama profético de Dios aún no ha concluido.

Esta perspectiva nos permite comprender por qué los sucesos actuales en Irán son importantes; pero también nos permite discernir por qué no son tan determinantes como podríamos pensar. El régimen actual, con toda su bravuconería y su violencia, es apenas un capítulo dentro de una historia mucho más extensa. Los ayatolas llevan menos de cincuenta años gobernando Irán. La civilización persa tiene más de 2.500 años de historia; pero los designios de Dios para esta tierra se extienden hasta la eternidad. Sea cual sea el gobierno que rija Irán cuando se cumpla Ezequiel 38, existirá porque Dios ha orquestado la historia para llevar a cabo Su plan perfecto. Persia estará presente cuando se cumplan las profecías de Ezequiel, sin importar quién gobierne en Teherán.

ES DIOS QUIEN TEJE LA HISTORIA

Puede que en estas páginas encuentres detalles que ya hayan cambiado. Los gobiernos cambian. Los gobernantes caen. Las alianzas se disuelven. Pero el esquema profético es inamovible.

Uno de los grandes temas de la profecía bíblica es la soberanía absoluta de Dios sobre el auge y la caída de las naciones. Dios, en Ezequiel 38, le dice al futuro caudillo de esta invasión: «Te haré dar vuelta, pondré garfios en tus quijadas y te sacaré con todo tu ejército, caballos y jinetes (38:4). Dios mismo conducirá a estas naciones a esta invasión condenada al desastre. La historia sigue la trayectoria que Su plan ha predeterminado.

Esta verdad debería consolarnos profundamente en estos tiempos inciertos. Cuando observamos el caos que se despliega en Irán o la violencia y el derramamiento de sangre, cuando el horizonte parece sombrío, podemos tener la certeza de que nada de esto toma por sorpresa a Dios. No está en el cielo, angustiado, preguntándose qué ocurrirá a continuación. Él obra todas las cosas «conforme al consejo de Su voluntad» (Efesios 1:11).

El salmista proclamó: «¿Por qué se sublevan las naciones, y los pueblos traman cosas vanas? El que se sienta como Rey en los cielos se ríe, El Señor se burla de ellos» (Salmos 2:1, 4). Los gobernantes humanos pueden urdir planes y conspiraciones, los manifestantes pueden sublevarse, los regímenes pueden desplomarse; pero Dios permanece en Su trono.

Por medio del profeta Isaías, Dios lo expresa con aún más claridad: «Yo soy Dios, y no hay otro; Yo soy Dios, y no hay ninguno como Yo, que declaro el fin desde el principio, y desde la antigüedad lo que no ha sido hecho. Yo digo: "Mi propósito será establecido, y todo lo que quiero realizaré"» (Isaías 46:9-10). Este es el Dios a quien servimos. Hace más de 2.600 años declaró lo que ocurriría con Persia en los años postreros, y Su designio se cumplirá.

En Daniel 2:21, el profeta nos recuerda que Dios «quita reyes y pone reyes». Ya sea que el actual líder supremo de Irán permanezca en el poder o que sea derrocado por este levantamiento, será porque Dios así lo ha decretado. No significa que no debamos orar por justicia ni dolernos por el sufrimiento. Significa, más bien, que podemos confiar en que Dios obra incluso en medio del caos.

COMPASIÓN POR EL PUEBLO IRANÍ

Antes de continuar, quiero expresar algo que llevo muy dentro: una honda preocupación y compasión por el pueblo iraní.

Cuando veo las imágenes que llegan desde Irán (de las protestas, la violencia, la matanza de manifestantes desarmados y el bloqueo de internet impuesto para ocultar atrocidades) se me rompe el corazón por los millones de civiles iraníes atrapados en esta crisis. Son madres y padres, hijos e hijas, estudiantes y pequeños comerciantes cuya única pretensión es alimentar a sus familias y vivir en libertad. Muchos, en el proceso de clamar por un cambio, lo arriesgan todo, incluso sus vidas.

A lo largo de este libro, hablo de manera crítica sobre el régimen iraní encabezado por Jameneí y los mulás, una teocracia que ha oprimido al pueblo iraní y ha amenazado con la destrucción de Israel durante más de cuatro décadas. Pero quiero que esto quede claro: mi crítica va dirigida a los gobernantes de Irán, no a su pueblo. El pueblo iraní no es mi enemigo. Son almas preciosas creadas a imagen de Dios, amadas por Él, y necesitadas del mismo Salvador que todos necesitamos.

De hecho, uno de los acontecimientos espirituales más extraordinarios de nuestro tiempo es el crecimiento vertiginoso del cristianismo en Irán. Aun en medio de una tenaz persecución, o acaso debido a ella, Irán es hoy sede de una de las iglesias de crecimiento más acelerado del mundo. Las cifras, aunque tentativas, apuntan a algo sin precedentes: más iraníes han venido a los pies de Cristo en este último cuarto de siglo que en los trece siglos anteriores. Cada vez más iraníes, en cifras sin precedentes, están dejando el islam y volviéndose a Jesucristo. Las iglesias en casa no dejan de multiplicarse, aun cuando el régimen arresta y encarcela a los creyentes. La inestabilidad de los últimos tiempos y el desencanto del pueblo iraní con el régimen no han hecho más que intensificar esta sed espiritual. Dios está obrando en Irán, no solo en el plano geopolítico, sino también en el espiritual.

He tenido el privilegio de conocer a creyentes iraníes que huyeron de la persecución y viven ahora en Occidente. Su fe debería inspirarnos a todos. Ellos saben lo que significa pagar el precio de seguir a Cristo. Su testimonio me recuerda que, por encima de la relevancia geopolítica de Irán, el corazón de Dios late por su pueblo.

Con esta lectura sobre el papel de Irán en la profecía de los últimos tiempos, te invito a unirte a mí en oración por este pueblo. Oremos por su seguridad en medio de la violencia que azota el país. Oremos por la difusión del evangelio. Oremos porque muchos iraníes lleguen a conocer a Jesucristo como Señor y Salvador. Oremos por los creyentes que están en Irán y que arriesgan la vida para anunciar el evangelio. Son nuestros hermanos en Cristo, y necesitan de nuestras oraciones.

CÓMO LEER ESTE LIBRO EN TIEMPOS INCIERTOS

Quizá te preguntes cómo puedes confiar en lo que dice este libro, puesto que todo en Irán parece estar cambiando tan rápido. Mi respuesta es que es precisamente ahí donde radica la relevancia de la profecía bíblica.

Las predicciones del ser humano no son fidedignas. Los análisis de inteligencia tienen un gran margen de error. Los sucesos no previstos desconciertan a menudo a los expertos. ¿Quién predijo el repentino colapso del régimen de Asad en Siria en diciembre de 2024? ¿Quién previó que las protestas por el precio del pan desembocarían en 2026 en el mayor levantamiento de Irán desde 1979? Los analistas siempre van un paso atrás de la historia.

Pero el mismo Dios que anunció, con precisión absoluta y siglos de anticipación, el auge y la caída de Babilonia, Persia, Grecia y Roma, también reveló el marco de los sucesos de los últimos tiempos. Tal vez no sepamos todos los detalles, pero sí podemos confiar en el marco profético que Dios nos ha dado.

Este libro busca ayudarnos a comprender el modelo bíblico que le da sentido al mundo. No te explica al detalle qué sucederá la próxima semana en Irán; en cambio, te muestra cómo los eventos actuales encajan dentro del panorama profético que culmina en la Segunda Venida de Cristo.

Hay quienes temen que el estudio de la profecía bíblica nos vuelva insensibles ante la tragedia que vemos a nuestro alrededor. Pero mi experiencia ha sido exactamente la opuesta. Saber que Cristo puede regresar en cualquier momento nos impulsa a vivir con un sentido de urgencia, a proclamar el evangelio sin reservas y a consagrar nuestra vida en aquello que tiene valor eterno. La profecía no está destinada a satisfacer nuestra curiosidad sobre el futuro;

Dios nos la dio para transformar la forma en que vivimos en el presente. Como escribió el apóstol Juan después de describir el regreso de Cristo: «Y todo el que tiene esta esperanza puesta en Él, se purifica, así como Él es puro» (1 Juan 3:3).

Lo que ocurre hoy en Irán, por más dramático y significativo que parezca, es apenas una pequeña pieza de esa más amplia historia. La historia entera se encamina hacia el cumplimiento de la Palabra profética de Dios. Esa certeza debe llenarnos de paz y confianza.

Ya sea que abras estas páginas en plena crisis iraní o años más tarde, cuando todo esto sea apenas un recuerdo lejano, el mensaje sigue siendo el mismo:

Dios tiene el control.

Su Palabra es verdad.

Y Cristo vendrá.

MARK HITCHCOCK
Edmond, Oklahoma
Marzo de 2026

INTRODUCCIÓN: MÁS ALLÁ DE LOS FAROS

HACE VARIOS AÑOS, iba manejando por la autopista interestatal entre Oklahoma City y Dallas en medio de la peor tormenta que he experimentado. Las tinieblas y la lluvia implacable descendieron como una manta pesada. El tránsito avanzaba a paso de tortuga y los conductores forzaban la vista para distinguir la carretera o algo delante de ellos. La cortina de lluvia cubría todo. Solo alcanzaba a ver el frente de mi propio auto. Tratando de no chocar, autos y camiones se orillaban y se detenían bajo los pasos a desnivel porque no podían ver más allá de la luz proyectada por los faros en medio de la tormenta incesante. Por fortuna, yo fui uno de los que lograron refugiarse del temporal. ¿Alguna vez has estado en una situación así? Vas manejando por la carretera, forzando la vista para ver en medio de la oscuridad, anhelando saber qué te espera más adelante. Anhelas saber qué viene a continuación, adivinar o predecir lo que está justo frente a ti o un poco más allá de la próxima curva del camino. Dondequiera que miremos, el mundo de hoy se parece cada vez más a una tormenta que no amaina, especialmente en lo que respecta a Israel, Irán y los aliados de Irán. El cielo es una masa negra y amenazante. En los días lúgubres e inciertos de esta tormenta que se avecina, todos anhelamos ver en medio de la oscuridad: entender o intuir hacia dónde se encamina el mundo y apaciguar el desasosiego del corazón.

¿Hay alguna fuente confiable que pueda mostrarnos qué es lo que nos espera? ¿Hay alguna luz en medio de las tinieblas?

LA CERTEZA DE LA PALABRA

Los profetas bíblicos de antaño proclamaban conocer el futuro, incluso la secuencia final de hechos apocalípticos que llevará esta era a su impactante desenlace. Si escudriñamos sus profecías, tú y yo podemos conocer el futuro de pueblos y naciones, pues los acontecimientos mundiales, incluidos los de nuestro presente, son parte de una historia más amplia escrita de antemano.

En años recientes, muchas de estas predicciones se han hecho realidad con una sobrecogedora precisión. Los pronósticos han pasado a ser titulares. Lo que antes eran posibilidades proféticas hoy son realidades geopolíticas. Y, sin embargo, el panorama profético más amplio, el desenlace supremo descrito por Ezequiel, aún no ha tenido cumplimiento. El ritmo al que estas profecías se cumplen se ha acelerado de forma vertiginosa desde 2023, con acontecimientos que suceden a una velocidad sin precedentes. Lo que en otro tiempo parecía remoto ha tomado forma con una desconcertante claridad.

El 7 de octubre de 2023, Hamás lanzó un ataque sorpresa coordinado contra Israel, que dejó más de 1.200 muertos y 251 rehenes.[1] Esta agresión desató la guerra más larga de la historia militar de Israel, un conflicto que transformó profundamente al Medio Oriente. La respuesta de Israel, que se prolongó más de dos años y que dejó un saldo de bajas masivas en ambos bandos, fue fulminante y devastadora.[2]

En septiembre de 2024, Israel dio muerte a Hasán Nasralá, líder histórico de Hezbolá, en un ataque aéreo de gran escala contra Beirut.[3] Esta operación, sumada a las extensas campañas terrestres en Líbano, debilitó gravemente a la fuerza aliada más poderosa de Irán. Los ataques de precisión de Israel evidenciaron una infiltración en las redes iraníes que dejó atónita a la región.

Entonces, en diciembre de 2024, ocurrió un hecho que pocos habían previsto: el colapso repentino del régimen de Asad en Siria tras cincuenta y cuatro años de dominio familiar.[4] En apenas doce días, las fuerzas rebeldes arrasaron las principales ciudades de Siria y tomaron Damasco, obligando a Bashar al Asad a huir a Rusia. Este giro inesperado interrumpió el corredor terrestre clave de Irán hacia Hezbolá y supuso un duro golpe estratégico para la influencia regional de Teherán.

En 2024, el choque entre Israel, Estados Unidos e Irán escaló de una guerra encubierta a una confrontación militar abierta. Irán lanzó más de trescientos misiles y drones contra Israel en abril de 2024, y cerca de doscientos misiles balísticos en octubre.[5] Israel tomó represalias con ataques orientados a las defensas antiaéreas iraníes y a bases militares. Pero esos intercambios no fueron más que un preludio.

En junio de 2025, Israel puso en marcha la operación León Ascendente, un ataque sorpresivo de gran escala contra territorio iraní que alcanzó instalaciones nucleares, bases militares y acabó con altos mandos iraníes.[6] Pocos días más tarde, Estados Unidos entró en el conflicto y bombardeó las instalaciones nucleares iraníes más blindadas.[7] Tras doce días de enfrentamientos intensos, se negoció un alto el fuego.[8] No obstante, es evidente que el asunto no ha acabado, que no es más que una pausa en un conflicto inconcluso.

Lo más alarmante es que el programa nuclear iraní ha llegado a un punto crítico, como veremos con más detalle en el capítulo 2. Para mediados de 2025, Irán ya contaba con más de 400 kilos de uranio enriquecido al 60 %, apenas por debajo del umbral del 90 % necesario para fabricar armas nucleares.[9] De acuerdo con el Organismo Internacional de Energía Atómica (OIEA), se trata de suficiente material fisionable como para producir más de una docena de armas nucleares si el enriquecimiento continuara.[10] Los análisis de inteligencia indican que el «tiempo de ruptura» de Irán, el período necesario para enriquecer uranio suficiente para una sola arma nuclear, se ha reducido de doce meses a menos de una semana.[11] Algunos analistas dicen que, en términos efectivos, ese plazo ya es nulo.

En junio de 2025, el OIEA determinó formalmente que Irán había quebrantado los protocolos de control nuclear por primera vez desde 2005.[12] El primer ministro israelí, Benjamín Netanyahu, declaró que Irán podría producir un arma nuclear «en muy poco tiempo» y usó esa advertencia para justificar los ataques preventivos de Israel.[13]

Sin embargo, el panorama profético más amplio, la confrontación definitiva descrita por el profeta Ezequiel, aún no se ha consumado. Ver cómo las últimas piezas siguen acomodándose hace que las antiguas profecías cobren vigencia. La convergencia continúa:

- Rusia, Irán y Turquía, componentes principales de la coalición exacta descrita en Ezequiel 38, están actuando en conjunto como nunca antes, pese a que la transformación política de Siria ha modificado sus cálculos estratégicos.
- Israel ha pasado de las operaciones encubiertas a ataques militares directos contra el programa nuclear iraní y su infraestructura militar.
- La red de grupos aliados de Irán en toda la región ha sufrido un deterioro considerable, aunque no ha sido desmantelada.
- La comunidad internacional ha agotado las vías diplomáticas para contener las ambiciones nucleares de Irán.

Estos acontecimientos no son aleatorios. Los sucesos en el Medio Oriente siguen desplegándose tal como lo anticipan las profecías bíblicas sobre los últimos tiempos. La escalada continúa, pero solo Dios conoce los tiempos.

No hace falta seguir a ciegas las profecías de los profetas bíblicos. Podemos ponerlas a prueba, porque cientos de ellas ya se han cumplido de manera literal con exactitud. La Biblia, cuyo contenido era un 28 % profético cuando fue escrita, es el único libro existente con una trayectoria larga y extensa de predicciones precisas del futuro. Se estima que la Biblia contiene alrededor de mil profecías. Hasta este momento, quinientas de esas profecías se han cumplido literalmente y con precisión. A la luz de ese historial, podemos estar seguros de que las profecías bíblicas que aún no se han cumplido se cumplirán con la misma exactitud y literalidad que aquellas que ya se han cumplido.

Por esta razón, a lo largo de los siglos, personas de toda condición y procedencia han recurrido una y otra vez a las antiguas profecías bíblicas sobre el fin de los tiempos para saber cuál es el plan de Dios para la historia humana. Mediante el estudio de estos textos antiguos, podemos conocer la secuencia de sucesos que los profetas vaticinaron hace siglos y que las Escrituras preservan.

Las páginas de las Escrituras nos revelan hoy que, por mucho que los acontecimientos actuales parezcan inquietantes, la profecía de los últimos tiempos ya los había anticipado. La crisis en Irán y en el Medio Oriente ha seguido intensificándose exactamente como lo predijeron las Escrituras. En los últimos años hemos presenciado:

- El programa nuclear iraní ha avanzado hasta rozar la capacidad para fabricar armas, con niveles de enriquecimiento y reservas que exceden ampliamente cualquier fin pacífico.
- Una confrontación militar directa entre Israel e Irán, incluidos ataques de gran escala sobre territorio iraní.

- El alineamiento en curso entre Rusia, Irán y Turquía, que corresponde exactamente a la coalición descrita en Ezequiel 38.
- Cambios drásticos en el panorama político de Siria, que afectan los cálculos estratégicos de Irán.
- El debilitamiento, pero también la persistencia, de la red de aliados subsidiarios de Irán en toda la región.

LAS ALIANZAS PROFETIZADAS COMIENZAN A PERFILARSE

La convergencia de las tres potencias, Rusia, Irán y Turquía, alcanzó un punto decisivo en octubre de 2024, cuando el presidente de Turquía, Erdogan, llamó abiertamente a una alianza entre esos tres países contra Israel. En declaraciones a los medios turcos, Erdogan indicó que era «esencial que Rusia, Irán y Siria tomen medidas más efectivas» en respuesta a las acciones israelíes.

Esta es la primera vez en la historia que estas naciones específicas forman una alianza de este tipo. A lo largo de más de 2.600 años desde la profecía de Ezequiel, las naciones que él mencionó, Ros (Rusia), Persia (Irán) y Mesec, Tubal, Gomer y Bet-Togarmá (Turquía), jamás habían coincidido en una configuración como esta. En tiempos del Imperio otomano, la era soviética y la Guerra Fría, estas potencias fueron históricamente rivales o, en el mejor de los casos, mantuvieron una posición de mutua neutralidad.

La alineación actual desafía la lógica geopolítica convencional. Rusia y Turquía han sido rivales históricos y han librado numerosas guerras durante siglos. Irán y Turquía representan ramas distintas del islam y mantienen ambiciones regionales rivales. Sin embargo, la oposición compartida a la influencia occidental y la animadversión común hacia Israel han dado lugar a una cooperación nunca antes vista.

Las implicaciones militares son estremecedoras. Tropas rusas, iraníes y turcas han coordinado operaciones en Siria, en la misma frontera norte de Israel. Las maniobras militares conjuntas ya son cosa de rutina. El intercambio de información de inteligencia entre estas naciones ha alcanzado niveles que hace apenas una década habrían parecido imposibles.

El presidente ruso, Vladimir Putin, ha descrito su relación con el presidente iraní, Pezeshkian, como reflejo de «una visión del mundo muy afín». En 2024 se concretó un amplio tratado entre Rusia e Irán que incluye componentes de defensa. Turquía, a pesar de ser miembro de la Organización del Tratado del Atlántico Norte (OTAN), ha orientado cada vez más su política exterior hacia Moscú y Teherán, más que hacia Washington y Bruselas.

Los estudiosos bíblicos destacan que Ezequiel 38:15 afirma que la invasión vendrá «de las partes remotas del norte», que es precisamente donde estas fuerzas aliadas se posicionan hoy con respecto a Israel. El profeta no pudo haber ofrecido una descripción geográfica o política más precisa de la coalición que hoy está tomando forma.

Estos acontecimientos no son casuales ni fortuitos. Los sucesos en el Medio Oriente siguen desplegándose tal como lo anticipan las profecías bíblicas sobre los últimos tiempos. La escalada continúa.

No sabemos con certeza cuánto tiempo se prolongará esta escalada. En los últimos años la aceleración ha sido vertiginosa, con acontecimientos que se suceden a una velocidad sin precedentes. No obstante, la consumación última de la profecía de Ezequiel, la gran invasión de Israel por parte de la coalición ruso-islámica, sigue pendiente hasta el tiempo designado por Dios. Lo que sí sabemos es que los acontecimientos mundiales, sobre todo en el Medio Oriente, presagian y allanan el camino para el cumplimiento de las profecías bíblicas.

Lo que está sucediendo en 2026, y lo que está por suceder, no hace sino confirmar que las piezas del rompecabezas profético de Ezequiel siguen encajando con una precisión asombrosa. La condición de Irán como potencia en el umbral nuclear genera una presión existencial que podría llevarlo a forjar la alianza desesperada que Ezequiel predijo. Los Acuerdos de Abraham proporcionan a Israel las alianzas de seguridad que le permiten gozar de cierta estabilidad pese a las amenazas regionales. Los ataques del 7 de octubre y los conflictos subsiguientes han debilitado la red de aliados subsidiarios de Irán, lo que convierte las armas nucleares en una necesidad creciente para la supervivencia iraní. La transformación de Siria ha desarticulado viejas alianzas y fortalecido otras nuevas que coinciden exactamente con lo que la profecía bíblica describe.

Lo más notable de todo es que la coalición Rusia-Irán-Turquía existe ahora como una realidad militar por primera vez en la historia humana. Estas fuerzas coordinan operaciones en la frontera norte israelí, reproduciendo con exactitud la descripción geográfica de Ezequiel. La convergencia entre tecnología nuclear militar, reconfiguraciones regionales y alianzas antiguas crea unas condiciones que las generaciones pasadas nunca habrían imaginado.

Aun así, debemos recordar que estos no son más que movimientos tras bambalinas, la preparación para el gran drama divino de los siglos. El cumplimiento definitivo de Ezequiel 38 aguarda el tiempo señalado por Dios. Entre tanto, debemos contemplar con fe, siendo conscientes de que los sucesos actuales no son accidentales sino providenciales: parte de un plan divino revelado hace mucho tiempo. El escenario se está preparando. Los actores van tomando sus posiciones.

Es por medio de la Palabra de Dios que podemos ver más allá de los faros. Pero ¿qué es lo que podemos ver?

DE LOS FAROS AL REFLECTOR

Las Escrituras proyectan un reflector profético directamente sobre el Medio Oriente, en particular sobre la nación de Israel, pero también sobre quienes se oponen a Israel en los últimos tiempos. Ese reflector bíblico revela el elenco y los escenarios integrados en la trama que forma parte del guion que lleva la historia bíblica hasta su desenlace profetizado.

Irán ocupa un lugar destacado en esta historia, y es sin duda la nación más peligrosa y acechante del planeta. A pesar de los duros reveses militares que ha enfrentado, Irán sigue profundamente aferrado a sus metas y continúa siendo una amenaza existencial para Israel y la estabilidad de la región.[14]

En las palabras de los autores Charles Dyer y Mark Tobey:

> Desde que se fundó la República Islámica, Irán ha mantenido un compromiso sostenido con dos metas principales. La primera es apoyar la expansión del islam militante, especialmente del islam chiita; la segunda es la destrucción de Israel, al que denominan la «entidad sionista» y «pequeño Satán». Puede que el mundo no tome en serio sus amenazas, pero Irán nunca ha ocultado sus ambiciones. Los dirigentes iraníes quieren reconstruir el viejo Imperio persa, aunque con un sello islámico. Anhelan un corredor de control chiita que se prolongue desde Irán hasta el Mediterráneo. Aspiran a convertirse en la fuerza musulmana dominante del Medio Oriente. Pero para lograr esa meta necesitan encontrar la manera de acabar con Israel.
>
> Es en ese punto donde las aspiraciones de Irán podrían converger con la profecía bíblica.[15]

Dicho de forma sucinta, este libro trata precisamente del punto *en que los sucesos actuales en Irán y el Medio Oriente convergen con la profecía bíblica.* Los siguientes capítulos demostrarán que la convergencia y alineación de los sucesos actuales se corresponde con el panorama profético presentado en las Escrituras.

Conviene tener presentes tres factores clave al analizar los sucesos actuales y los titulares de la prensa internacional. En primer lugar, el mundo cambia sin cesar. El cambio es la nueva constante. En los días venideros habrá muchos giros inesperados. Debemos tener cuidado de no especular con cada titular sugestivo y su posible papel en los últimos tiempos. La historia reciente ha puesto esta verdad de manifiesto. Las guerras comienzan y terminan. Los líderes son derrocados. Las alianzas cambian. Pero, con todos los cambios que pueda haber, la trayectoria profética de fondo permanece clara y coherente.

En segundo lugar, debemos interpretar siempre los sucesos actuales a la luz de la Biblia, no al revés. La Biblia es nuestro punto de referencia inamovible. Para discernir con precisión si los sucesos actuales encajan en el panorama profético, y de qué manera, es necesario comprender la profecía bíblica.

En tercer lugar, los sucesos que vemos hoy no constituyen el cumplimiento definitivo de la profecía bíblica. El telón del drama divino de los siglos aún no se ha alzado. Dios sigue preparando el escenario tras el telón, moviendo providencialmente la utilería y los actores a sus posiciones. Cuando todo esté finalmente en su sitio y llegue el momento indicado, el telón se alzará.

El telón se levantará, súbitamente y sin previo aviso, en un acontecimiento conocido como el *arrebatamiento* y descrito en 1 Tesalonicenses 4:16-17. Este es el siguiente evento del calendario profético de Dios. Durante el arrebatamiento, Jesucristo, el Hijo de Dios, vendrá por Su iglesia, es decir, por quienes han creído en Él para salvación. En un abrir y cerrar de ojos, se encontrará con Su pueblo en el aire y lo llevará consigo al cielo. El arrebatamiento es un acontecimiento inminente y sin previo aviso. Antes de que tenga lugar, no quedará ninguna profecía pendiente. Puede ocurrir en cualquier momento: cualquier día es posible, ningún día es imposible.

En el momento menos esperado, el telón puede alzarse.

AL FILO DEL MAÑANA

Cuando suceda, el arrebatamiento conmocionará al mundo, porque millones de personas desaparecerán inesperadamente. Esposos e hijos, ricos y pobres, soldados y pastores, mendigos y empresarios: todos se habrán ido sin dejar rastro. Como es de suponer, luego de este evento, la sociedad anhelará recuperar un ápice de orden y certidumbre. El mundo quedará presa del miedo. Reinará la confusión. Será entonces cuando, en el seno de una coalición occidental y en pleno clima de anarquía, irrumpa un caudillo con soluciones bajo el brazo: aquel a quien la Biblia llama el Anticristo. Será el hombre que lo tenga todo previsto. Ascenderá al poder con una proclamación de paz y concertará un pacto de siete años entre Israel y sus vecinos; un acuerdo que traerá una perceptible armonía al Medio Oriente. El mundo lo aclamará. Puede que incluso llegue a recibir el Premio Nobel de la Paz. Al amparo de dicho acuerdo, y por primera vez en su historia contemporánea, Israel depondrá la actitud defensiva y delegará la protección en las potencias occidentales. Las personas en todo el mundo disfrutarán de paz y seguridad. No obstante, será apenas la calma que precede a la tormenta.

A partir de ese momento, una cadena de hechos catastróficos se abatirá sobre el mundo. La tormenta persa, respaldada por muchos aliados, procurará descargar sobre Israel un golpe final y demoledor, pero acabará destruida por intervención sobrenatural. Esto abrirá paso a un giro decisivo en el equilibrio de poder a favor del líder occidental: el Anticristo. Hacia la mitad de su vigencia, romperá el pacto de siete años con Israel y comenzará de inmediato a consolidar su poder. Durante los últimos tres años y medio de lo que se conoce como el período de la tribulación, gobernará el mundo en los ámbitos político, militar y religioso. Llegará incluso a proclamarse divino y a exigir que lo adoren. Mientras tanto, una serie de desastres geológicos y ecológicos devastadores azotará el planeta. El fin de los tiempos culminará en la gran batalla final de Armagedón, cuando Cristo vuelva para vencer al Anticristo y a sus ejércitos, y establecer Su reino de justicia sobre la tierra durante mil años.

Pese a lo impactantes que son las profecías, el curso de la historia avanza inexorablemente hacia su consumación. Las naciones se están alineando. Los sucesos mundiales están preparando el escenario. La creciente crisis en el Medio Oriente impulsada por Irán constituye una pieza fundamental de esta escalada.

EN BUSCA DE RESPUESTAS

Dondequiera que alcemos la vista, las antiguas profecías parecen haber llegado a su madurez, a las puertas de dar paso al fin de los tiempos y de despertar un clamor de preguntas acuciantes.

- ¿Son los sucesos actuales en Irán y en el Medio Oriente parte de una trama más amplia trazada hace mucho tiempo?
- ¿Predice la Biblia el ascenso de Irán en los últimos tiempos?
- ¿Qué papel desempeñan Siria, Turquía y Rusia en el fin de los tiempos?
- ¿Hacia dónde se encamina esta crisis persistente?
- ¿Logrará Israel sobrevivir?
- ¿Qué rol jugará Estados Unidos en el fin de los tiempos?
- ¿Cómo debemos vivir ante los sucesos que estamos viendo?

Como cristianos, ¿tenemos suficiente discernimiento para entender lo que está por venir? ¿Estamos preparados? ¿Estás preparado? El propósito de la profecía bíblica no es infundirnos miedo, sino prepararnos. No se nos dio para llenarnos de ansiedad, sino para mantenernos atentos.

Dos días antes de Su muerte, Jesús dijo a Sus discípulos más cercanos: «Estén alerta, velen; porque no saben cuándo es el tiempo señalado». Acto seguido, comparándose con el dueño de una heredad que emprende un viaje, añadió: «Por tanto, velen, porque no saben cuándo viene el señor de la casa, si al atardecer, o a la medianoche, o al canto del gallo, o al amanecer, no sea que venga de repente y los halle dormidos. Y lo que a ustedes digo, a todos digo: ¡Velen!» (Marcos 13:33, 35-37).

Jesús quiere que todos vivamos en actitud de espera vigilante.

El propósito de las siguientes páginas es fortalecer tu vigilancia y tu comprensión de lo que se avecina, y prepararte para la Segunda Venida de Cristo. Confío en que te servirán para vivir fielmente en este intervalo, ayudándote a fijar la mirada en los últimos tiempos y a ver más allá de los faros.

Ya sea que leas este libro por primera vez o que vuelvas a él ante el devenir de los acontecimientos mundiales, el mensaje sigue siendo el mismo: la profecía de la Biblia es digna de toda confianza, Dios tiene el control y Cristo viene pronto.

Así que abre tu Biblia y comencemos.

CAPÍTULO 1

AL BORDE DE LA CRISIS

> El régimen sionista será erradicado de la región. De eso no hay duda.
>
> —*Ayatola Alí Jamenei,*
> líder supremo de Irán, noviembre de 2024

> Si nadie hace nada, Irán podría fabricar un arma nuclear en el futuro inmediato.
>
> —*Benjamín Netanyahu,*
> primer ministro israelí, 13 de junio de 2025

> Irán estaría en condiciones de reanudar el enriquecimiento de uranio en cuestión de meses.
>
> —*Rafael Grossi,* director general del OIEA, junio de 2025

LA CONFRONTACIÓN ENTRE ESTADOS UNIDOS, Israel e Irán ha oscilado varias veces en los últimos años entre la guerra encubierta y la guerra abierta. La pregunta ya no es *si* estallará un conflicto mayor, sino cuándo empezará el próximo asalto y si ese será el definitivo.

La tensión se ha ido gestando durante décadas, pero el ritmo se ha acelerado de manera vertiginosa. Lo que antes eran movimientos calculados al milímetro en el tablero geopolítico ha dado paso a una rápida sucesión de golpes y contragolpes que, tras varios roces peligrosos, amenaza con desbordarse en cualquier instante.

En enero de 2020, un ataque estadounidense con drones acabó con la vida del general de división iraní Qasem Soleimaní, comandante de la Fuerza Quds de la Guardia Revolucionaria de Irán, a su llegada al Aeropuerto Internacional de Bagdad.[1] Soleimaní era, probablemente, el líder militar más poderoso del Medio Oriente; con excepción del líder supremo, el ayatola Alí Jameneí, era la persona más importante de Irán. Irán prometió una represalia inmediata, y el mundo se quedó en suspenso. La guerra parecía inminente. Irán lanzó misiles contra bases iraquíes que albergaban tropas estadounidenses. Aunque no hubo víctimas fatales inmediatas, más de cien soldados estadounidenses sufrieron serios daños cerebrales.[2] Todo indicaba que la crisis empezaba a perder intensidad.

Sin embargo, el riesgo de una represalia iraní nunca se disipó. En los años posteriores a la muerte de Soleimaní, la inteligencia estadounidense destapó múltiples planes iraníes para asesinar a altos cargos de Estados Unidos, incluidos el propio presidente Trump, el exsecretario de Estado Mike Pompeo y el asesor de Seguridad Nacional John Bolton.[3] La guerra encubierta siguió su curso.

Después llegó el 7 de octubre de 2023, fecha en que la

dinámica regional se alteró por completo. Como recordarás, fue entonces cuando Hamás, un actor clave entre los aliados armados de Irán, lanzó un ataque sorpresa coordinado contra Israel, mató a más de 1.200 personas, tomó a 251 rehenes y reconfiguró por completo el mapa del Medio Oriente.[4]

Inmerso en su guerra contra Hamás en Gaza, Israel puso también la mira en el resto de los aliados subsidiarios de Irán. Para comienzos de 2025, el potencial bélico de Hezbolá presentaba una degradación significativa, tras la neutralización de buena parte de su liderazgo y la reducción sustancial de sus existencias de misiles.

El enfrentamiento que llevaba décadas cocinándose terminó por desbordarse en una confrontación directa cuando Irán lanzó, en abril de 2024, su primer ataque directo con misiles contra territorio israelí, disparando más de trescientos proyectiles, entre ellos misiles balísticos y drones.[5] Israel, con apoyo de Estados Unidos y de aliados regionales, logró interceptar la mayoría de los ataques. Pocos días después, Israel contraatacó con bombardeos sobre blancos iraníes. La escalada del conflicto continuó durante todo 2024 y se prolongó hasta 2025.

Entonces se produjo la operación León Ascendente. En junio de 2025, la atención del mundo volvió a concentrarse en esta región cuando Israel desató un ataque sorpresa de gran escala contra Irán mismo, alcanzando instalaciones nucleares, bases militares e infraestructura estratégica, y eliminando a comandantes militares iraníes de alto rango.[6] El asombro creció aún más cuando, días después,

Estados Unidos se sumó al conflicto y bombardeó las instalaciones nucleares iraníes más blindadas con potentes bombas antibúnker.[7]

Tras doce días de cruentos enfrentamientos y cientos de bombardeos, se pactó un cese al fuego;[8] pero cuando las armas dejaron de sonar, todos comprendieron que la historia no terminaba allí. No era más que una pausa. Los problemas de fondo no se solucionaron entonces, ni se han solucionado aún. Irán persiste con el proceso de enriquecimiento de uranio. Israel no ha dejado de atacar objetivos iraníes; Estados Unidos no ha dejado de imponer sanciones; y las profecías de Ezequiel no han dejado de proyectar su sombra sobre toda la región.

LA CARRERA CONTRA EL TIEMPO

Detrás de todas estas maniobras militares subyace la aterradora realidad que mencioné antes: el programa nuclear de Irán ha alcanzado un punto crítico.

Como recordarás, a mediados de 2025 Irán ya había almacenado más de 400 kilogramos de uranio enriquecido al 60 %, un nivel apenas inferior al umbral del 90 % necesario para producir armas nucleares.[9] Según el OIEA, se trata de material fisionable suficiente para fabricar más de una docena de armas nucleares si se somete a un mayor enriquecimiento.[10]

Aún más alarmantes fueron los informes de inteligencia que indicaban que el «tiempo de ruptura» (el periodo necesario para enriquecer uranio suficiente para un arma nuclear) de Irán se ha reducido de doce meses a menos de una semana,[11] algo que algunos analistas consideran ya un margen «prácticamente nulo». Para junio de 2025, cuando el OIEA declaró formalmente que Irán había quebrantado los protocolos de control nuclear por primera vez desde 2005,[12] la comunidad internacional ya había agotado sus opciones diplomáticas. Fue este detonante el que precipitó la decisión de Israel de atacar. Los mandos israelíes llegaron a la conclusión de que les quedaba muy poco tiempo para evitar que Irán obtuviera la bomba.

Los ataques de junio de 2025 retrasaron el programa nuclear iraní varios meses, quizá uno o dos años, pero no lo erradicaron.[13] Rafael Grossi, director general del OIEA, declaró que Irán podría retomar el enriquecimiento de uranio «en cuestión de meses».[14]

El reloj sigue corriendo. El reloj no se ha detenido. Israel sabe que no puede tolerar que un régimen que demanda a diario su aniquilación acceda a armas nucleares. Irán sabe que su única garantía de supervivencia frente a la superioridad militar israelí y estadounidense son las armas nucleares. Ninguno de los dos bandos puede darse el lujo de ceder. Ambos siguen avanzando en curso de colisión.

La crisis permanente con Irán ha despertado una profunda inquietud entre los estadounidenses y sus aliados por el riesgo de una guerra regional de mayor alcance. Una vez más, la pregunta que muchos se hacen no es *si* las tensiones volverán a escalar, sino cuándo ocurrirá y cuán devastador será el próximo asalto.

PUNTOS DE INFLEXIÓN PROFÉTICOS

Sin embargo, Estados Unidos e Irán están lejos de ser los únicos actores en esta confrontación creciente. El escenario en el Medio Oriente se ha congestionado notablemente en los últimos años, elevando las apuestas de un enfrentamiento regional de envergadura, a medida que países y grupos terroristas delimitan sus territorios y pugnan por el control.

El ataque de Hamás del 7 de octubre de 2023 y la posterior guerra en Gaza precipitaron drásticamente estas tensiones. Los grupos aliados de Irán, Hamás en Gaza, Hezbolá en Líbano, los hutíes en Yemen y las milicias chiitas en Irak, se movilizaron todos en mayor o menor medida.[15] La respuesta de Israel fue contundente, logrando socavar gran parte del «eje de la resistencia» que Irán había construido con minuciosidad.

Arabia Saudita e Irán, vecinos geográficos separados por el Golfo Pérsico, han sido rivales encarnizados desde hace mucho tiempo. Su disputa por el dominio regional ha derivado en numerosos conflictos indirectos a lo largo del Medio Oriente, desde Yemen y Siria hasta Líbano e Irak. Ambas naciones se situaron al borde de una guerra abierta en septiembre de 2019, tras el ataque con drones y misiles de crucero iraníes contra las plantas petroleras de Abqaiq y Jurais, en Arabia Saudita. El ataque paralizó temporalmente la mitad de la producción de crudo saudita y causó la mayor disrupción individual en la historia del abastecimiento global de petróleo.[16] La ofensiva coordinada puso de manifiesto la capacidad de Irán para atacar con precisión en pleno territorio enemigo, eludir complejos sistemas de defensa aérea y alcanzar infraestructura estratégica situada a más de 700 kilómetros de su territorio.[17] Posteriormente, el gobierno de Estados Unidos y la inteligencia de Arabia Saudita exhibieron pruebas forenses que conectaban los proyectiles con Irán, y concluyeron que la agresión fue «un acto de guerra».[18] Esa demostración de capacidad de precisión a larga distancia volvería a verse reflejada en los ataques de junio de 2025 contra Israel, cuando misiles y drones iraníes exhibieron una vez más su alcance, su coordinación y su poder letal.[19]

Detrás de toda la agresión de Irán subyace una sombría ideología religiosa apocalíptica, profundamente enraizada en la cosmovisión de la élite clerical en el poder, la «mulocracia» que gobierna la República Islámica. Desde 1979, el régimen ha interpretado la política a través de un lente mesiánico claramente chiita, centrado en la creencia en la futura reaparición del imán duodécimo, también conocido como el Mahdi. De acuerdo con la escatología chiita, el Mahdi regresará en medio del caos mundial y los conflictos bélicos para instaurar la justicia divina.[20] Esta convicción no es una idea marginal, sino una creencia arraigada en los escritos teológicos y en la retórica política de los más altos dirigentes de Irán, entre ellos el expresidente Mahmud Ahmadineyad y el exlíder ayatola Alí Jameneí.[21] Dentro de este esquema apocalíptico, el conflicto y la crisis no solo se toleran, sino que se entienden como instrumentos destinados a acelerar la venida del Mahdi.[22]

Esta ideología alimenta la voluntad de Teherán de provocar una confrontación con Estados Unidos e Israel, arrojando sus luchas geopolíticas en términos sagrados y cósmicos. Los radicales iraníes enmarcan abiertamente la resistencia militar como parte de una lucha de mandato divino contra lo que denominan las «potencias arrogantes» de Occidente y la «entidad sionista».[23] El Cuerpo de la Guardia Revolucionaria Islámica (CGRI) y las milicias que actúan en su nombre llevan esa teología al terreno de los hechos mediante una estrategia de confrontación permanente que mantiene al Medio Oriente en tensión y empuja a la región hacia el caos mismo que su doctrina prevé.[24] En este sentido, la visión apocalíptica de Irán no es algo abstracto: es el motor ideológico de su agresión, de su patrocinio de guerras subsidiarias y de su ambición temeraria por desatar un enfrentamiento propio de los últimos tiempos.

Después de trece años interminables de guerra, el sangriento conflicto civil de Siria llegó a su punto límite en diciembre de 2024. Las fuerzas rebeldes irrumpieron en Damasco prácticamente de la noche a la mañana, y Bashar al Asad, el dictador cuya familia gobernaba desde 1970, huyó a Rusia. La caída del régimen de Asad reconfiguró el mapa del Medio Oriente y estremeció la red de alianzas de Irán.[25] Asad escapó a Rusia, poniendo fin a más de cincuenta años de gobierno familiar. Cortar su enlace terrestre con Hezbolá y mermar su influencia en Siria supuso una importante derrota estratégica para Irán. Sin embargo, Irán sigue buscando maneras de mantener su presencia en la región. Entretanto, Turquía ha penetrado en Siria hasta la misma frontera norte de Israel, ocupando el vacío que dejaron Rusia e Irán al verse obligados a replegarse por sus propias dificultades internas.

Como puedes ver, abundan los potenciales puntos de inflexión proféticos. El redoble de la guerra resuena en todo el Medio Oriente. Un solo paso en falso podría desatar una tormenta de fuego. Todo indica que el conflicto es inminente. Se está gestando una escalada. En el centro de esta confrontación está Irán. Los rastros de Teherán están presentes en el estrecho de Ormuz, Yemen, Irak, Líbano, Gaza y Siria. Nadie duda de que la guerra se avecina en el Medio Oriente. La tensión contenida podría convertirse en tormenta en cualquier momento.

ISRAEL EN LA MIRA

Mientras tanto, Israel permanece en el epicentro de la región, ya no mirando como desde afuera, sino interviniendo con ataques directos. El «anillo de fuego» que Irán levantó en torno a Israel, con Hamás en Gaza, Hezbolá en Líbano, milicias en Siria e Irak y hutíes en Yemen, ha sufrido una humillación contundente.

Israel e Irán están inmersos en lo que podría describirse como un combate de boxeo de varios asaltos. El primer asalto se disputó mediante grupos aliados. El segundo asalto trajo consigo ataques directos, aunque limitados, en abril de 2024. El tercer asalto, la guerra de junio de 2025, supuso una escalada nunca antes vista, en la que los contundentes ataques de Israel y Estados Unidos contra suelo iraní se toparon con el lanzamiento masivo de misiles de Irán hacia territorio israelí.[26]

Israel e Irán están atrapados en una lucha feroz que corre el riesgo de salirse de control. Conforme Irán impulsa el desarrollo de misiles sofisticados y se acerca a la capacidad nuclear, los responsables de la defensa israelí advierten un aumento de la presión sobre el territorio nacional. Después del conflicto de junio de 2025, un centro de estudios de la Unión Europea advirtió que Israel, Irán y Estados Unidos parecen estar alistándose para una nueva escalada, sobre todo en las fronteras de Israel, puesto que el escenario estratégico ha cambiado radicalmente.[27]

En Israel, la acostumbrada actitud de alerta preventiva está dando paso rápidamente a la alarma. El país sabe que debe estar listo para atacar a Irán en cualquier momento; no puede permitir que una nación que demanda a diario su aniquilación llegue a tener un misil nuclear. Los vientos de guerra están soplando con fuerza. Las nubes de tormenta empiezan a acumularse. Los rumores de guerra se multiplican. Israel e Irán avanzan en curso de colisión. La guerra se avecina. Nuevamente, no es cuestión de *si* ocurrirá, sino de *cuándo*. Según el Instituto de Estudios y Análisis de Defensa, una entidad apartidista de proyección internacional: «El tenue alto el fuego tras la Guerra de los 12 Días de junio de 2025 entre Israel e Irán parece estar resquebrajándose por todas partes. Desde finales de agosto (es decir, de 2025) han aumentado los temores de un nuevo ciclo de violencia, e incluso de una guerra en toda regla».[28]

Una sucesión constante de ominosos titulares internacionales pone de relieve la escalada del enfrentamiento con Irán:

- «Israel lanza ataques aéreos contra el programa nuclear de Irán y mata a altos mandos militares». *The Guardian*, 13 de junio de 2025.

- «Irán lanza cientos de misiles y drones contra Israel en represalia». Reuters, 14 de junio de 2025.
- «Israel castiga Teherán con bombardeos de gran intensidad». *AP News*, 17 de junio de 2025.
- «Los ataques aéreos de Israel buscan quebrar los cimientos del poder de Jameneí en Irán». Reuters, 19 de junio de 2025.
- «La guerra entre Israel e Irán inicia una segunda semana marcada por nuevos bombardeos». CBS News, 21 de junio de 2025.
- «Israel se prepara para una larga campaña contra Irán». *Al Jazeera*, 21 de junio de 2025.
- «En imágenes: Doce días de conflicto entre Israel e Irán». *Al Jazeera*, 26 de junio de 2025.
- «Los aliados regionales de Irán se movilizan en medio de una escalada de tensiones en el Medio Oriente». *The New York Times*, 2 de julio de 2025.
- «Las secuelas de la guerra entre Israel e Irán reconfiguran el Medio Oriente». *Foreign Policy*, 15 de julio de 2025.
- «Guerra entre Israel e Irán: podría tratarse solo de una tregua, no del final». *The Wall Street Journal*, 10 de agosto de 2025.
- «Crece la percepción de que otra guerra entre Israel e Irán es solo cuestión de tiempo». *The Times of Israel*, 10 de noviembre de 2025.
- «Muchos israelíes creen que se avecina otra guerra con Irán». *The Economist*, 27 de noviembre de 2025.

Ante el aumento de las tensiones, los líderes mundiales siguen haciendo llamados vacuos a la moderación, la diplomacia y la distensión; sin embargo, flota en el aire la sensación de que todo podría cambiar en un respiro. La región pende de un hilo. El exasesor de seguridad nacional de Israel, Yaakov Amidror, advierte: «El menor error de cálculo podría desatar un infierno regional que arrastre a todo el Medio Oriente a la guerra».[29]

El tiempo se agota. Ha comenzado la cuenta regresiva: no se trata de una guerra más en el Medio Oriente, sino de algo mucho peor. La tormenta que se cierne sobre Israel e Irán resulta inquietantemente familiar para quienes entienden la profecía bíblica. ¿Podrían estas convulsiones ser los primeros indicios del conflicto final anunciado en las Escrituras?

¿QUÉ VIENE A CONTINUACIÓN?

La guerra de junio de 2025 despejó ciertas dudas, aunque dejó muchas otras en el aire. El programa nuclear de Irán sufrió un retroceso, pero no fue erradicado. Su cúpula militar fue diezmada, pero será sustituida. La red de aliados subsidiarios de Irán, aunque mermada, sigue siendo peligrosa.

Más relevante aún es que la esencia ideológica de Irán permanece intacta. El régimen persiste en sus llamados a la destrucción de Israel. Sigue buscando la hegemonía regional. Sigue procurando tener armas nucleares como garantía absoluta de supervivencia y como instrumento de intimidación.

Israel, por su lado, ha dejado claro que tiene la capacidad y la disposición de atacar en el corazón mismo de Irán. Ha caído la barrera que impedía una confrontación militar abierta. Lo que antes era impensable se ha vuelto parte de la rutina.

Son varios los escenarios que podrían desencadenar la próxima gran escalada:

- **REACTIVACIÓN DEL PROGRAMA NUCLEAR IRANÍ:** A pesar del duro golpe recibido, Irán mantiene intactos el conocimiento y el capital humano, además de la infraestructura básica para reconstruir sus capacidades nucleares. Israel ha sido tajante: si Teherán decidiera acelerar el paso hacia la obtención de armas nucleares, volverá a atacar. Y, esta vez, lo hará con más contundencia.
- **REACTIVACIÓN DE LA RED ALIADA:** Aunque debilitadas, las fuerzas aliadas de Irán en toda la región siguen intactas. Las capacidades de Hamás han mermado, pero la organización no ha sido desarticulada del todo. Hezbolá ha sufrido reveses, pero aún conserva capacidades militares considerables. Los hutíes de Yemen siguen perpetrando ataques. Cualquiera de estos grupos podría desencadenar un conflicto mayor.
- **RESPUESTA IRANÍ:** Irán cuenta con un largo historial de represalias, que a menudo se ejecutan años después de la afrenta original. Después de la muerte de Soleimaní en 2020, Irán puso en marcha varios complots para asesinar a funcionarios estadounidenses. Probablemente ya estén en curso maniobras homólogas para vengar la afrenta de junio de 2025.[30]
- **ASFIXIA ECONÓMICA:** La economía de Irán sigue padeciendo los efectos de las sanciones internacionales. El malestar interno amenaza la estabilidad del régimen. La desesperación de los líderes suele conducir a medidas igual de desesperadas, como embarcarse en

incursiones militares riesgosas para cohesionar al país contra un enemigo exterior.

- **INESTABILIDAD EN SIRIA:** Tras la salida de Asad, el futuro de Siria permanece incierto. Diversas facciones, entre ellas fuerzas respaldadas por Turquía, grupos kurdos y remanentes de la influencia iraní, compiten por el control. Esta inestabilidad podría brindar a Irán la oportunidad de recuperar terreno o, en su defecto, desatar conflagraciones que arrastren a diversas potencias de la región.

Los profetas bíblicos anuncian que una gran guerra se cierne sobre el Medio Oriente, una guerra en la que Rusia, Irán, Turquía y otras naciones participarán en la invasión masiva de Israel descrita en Ezequiel 38–39. Los acontecimientos recientes han demostrado que un escenario así no solo es posible, sino cada vez más plausible. La convergencia de las naciones es innegable. Estamos presenciando el proceso previo. Esta aún no es la tormenta final.

CAPÍTULO 2

IRÁN FRENTE AL APOCALIPSIS NUCLEAR

> Es posible que Irán todavía tenga 400 kilogramos de uranio altamente enriquecido. ¿Qué tanto debería preocuparnos?
>
> —*The Times of Israel*, julio de 2025

EN 2006, DURANTE UNA ENTREVISTA EN EL PROGRAMA *Meet the Press* de la NBC, al senador John McCain se le preguntó qué pasaría si Irán obtuviera la bomba nuclear. Su respuesta fue categórica: «Me parece que podríamos presenciar el Armagedón».[1] Sin duda alguna, expresó el temor de muchas personas ante la posibilidad de que Irán se convierta en una potencia nuclear. Este temor de hace dos décadas, aunque se ha mitigado en cierta medida durante los últimos meses, sigue siendo una realidad latente. Pocos acontecimientos transformarían el mundo de forma tan drástica como el hecho de que Irán obtuviera armamento nuclear operativo. Israel se enfrentaría de inmediato a una amenaza existencial. La cúpula iraní ha proferido de forma recurrente declaraciones como la del líder supremo, el ayatola Jameneí: «La creencia de que Israel debe ser borrado del mapa es una condición de nuestra adhesión al islam... Todos y cada uno de nuestros funcionarios deben reiterar nuestra obligación de destruir ese tumor canceroso que representa Israel».[2] Pocas dudas quedan sobre el uso que Irán dará a la bomba; de hecho, los sucesos recientes lo sitúan más cerca que nunca del umbral nuclear. Con la espalda contra la pared, Irán podría creer que alcanzar la capacidad nuclear es su último recurso defensivo.

Hagamos un repaso más detallado de la cronología que hemos venido observando en la trayectoria del programa nuclear de Irán.

Dicha trayectoria cobró un impulso vertiginoso en 2018 después de que Estados Unidos restableciera las sanciones y se retirara del Plan de Acción Integral Conjunto «PAIC» (también conocido como JCPOA por sus siglas en inglés). Irán respondió mediante el abandono progresivo de las restricciones del acuerdo, intensificando el enriquecimiento de uranio y expandiendo sus operaciones con centrifugadoras.

El asesinato del general de división iraní Qasem Soleimaní en enero de 2020 marcó otro punto de inflexión, provocando que Irán anunciara que no respetaría ninguna limitación en materia de enriquecimiento de uranio. Tras su muerte, la administración del presidente iraní Hasán Rohaní declaró: «El país no acatará restricción alguna en lo que concierne al enriquecimiento de uranio, el volumen de sus reservas ni la investigación y desarrollo en su programa nuclear».[3] Desde entonces, el programa nuclear iraní aceleró su marcha a un ritmo inquietante.

Como se ha expuesto, Irán ya traspasaba en 2023 líneas

rojas que antaño parecían inimaginables. La nación comenzó a enriquecer uranio al 60 % de pureza, apenas a un paso técnico del 90 % necesario para obtener material de grado militar. Los servicios de inteligencia que solían calcular el «tiempo de ruptura» de Irán en años y luego en meses, hoy hablan de semanas o de días.[4] Este tiempo, que en 2020 era de «siete a once meses», se había reducido prácticamente a cero para 2025.

La situación llegó a un punto crítico a mediados de 2025, cuando las reservas iraníes de uranio enriquecido al 60 % superaron los 400 kilogramos, material suficiente para fabricar más de una docena de armas nucleares si se enriqueciera aún más.[5] Sumado al rechazo constante de Irán a colaborar con la OIEA, este escenario ha ido agotando las opciones de la comunidad internacional.

Más allá de la amenaza existencial que semejante escenario representa para Israel, si Irán llega a obtener armas nucleares, la mayoría de los expertos coincide en que se abriría de par en par la puerta a una carrera armamentista nuclear en el Medio Oriente. Desencadenaría una reacción en cadena en la que Turquía y Arabia Saudita no tardarían en sumarse. Irán es la mecha de un polvorín nuclear a punto de estallar. En enero de 2024, el Bulletin of the Atomic Scientists movió las manecillas del «Reloj del Juicio Final» a tan solo noventa segundos de la medianoche, lo más cerca que ha estado jamás de una catástrofe simbólica.[6] Apenas un año después, en 2025, las manecillas se adelantaron un segundo más, a ochenta y nueve segundos para la medianoche. El enfrentamiento entre Israel e Irán de junio de 2025 vino a confirmar estas advertencias. Nunca antes, desde los albores de la era atómica, el mundo había estado más cerca de un conflicto nuclear en el Medio Oriente.

Un aspecto igualmente peligroso es que Corea del Norte ha sido, desde hace tiempo, un proveedor estratégico de tecnología en materia de misiles para Irán. Esto suscita el temor de que Irán pueda adquirir una ojiva nuclear ya fabricada de Corea del Norte o de que ambas naciones parias colaboren en la producción de armamento.[7]

Como advirtió hace años el mayor general israelí Yaakov Amidror: «Bajo una cobertura nuclear, Irán tendría vía libre para construir un anillo de fuego alrededor de Israel». Momento en el cual sería demasiado tarde para que Jerusalén frenara tanto el programa nuclear como el comportamiento desestabilizador de Irán en la región.[8]

Esta predicción terminó por cumplirse. El tiempo se agotó e Israel pasó a la acción. En junio de 2025, ante la inminente capacidad de Irán para fabricar armas nucleares, Israel lanzó la operación León Ascendente con ataques masivos contra instalaciones nucleares iraníes. Días más tarde, Estados Unidos intervino con ataques sobre las posiciones más fortificadas de Irán, empleando devastadoras bombas antibúnker.[9] Los ataques provocaron un retroceso importante en el programa iraní, pero Rafael Grossi, director general del OIEA, advirtió que Irán podría volver a enriquecer uranio «en cuestión de meses».[10]

La pregunta ha dejado de ser teórica. Ahora es una cuestión operativa: ¿Podrán Israel y la comunidad internacional impedir que Irán produzca armas nucleares? ¿Ha entrado el mundo en una nueva era en la que sea ya inevitable que Irán posea armamento nuclear? De hacerse Irán con la bomba, ¿qué implicaciones tendría para la supervivencia de Israel? ¿Ante qué escenario nos situaría esto respecto a las profecías bíblicas para la región?

DÉCADAS EN GESTACIÓN

La fascinación de Irán por la bomba viene de décadas atrás, al menos desde los ochenta. Durante años, Estados Unidos y Europa han apostado por el diálogo, la negociación y las concesiones con Teherán, pero los resultados duraderos han sido mínimos. Bajo el velo de la clandestinidad, el régimen iraní impulsa su plan nuclear mediante una lógica de negociación y expansión simultáneas. Valiéndose de tal artimaña, Irán dilata y manipula las negociaciones al tiempo que gana terreno en su carrera hacia la meta nuclear.

Este es un resumen cronológico de la trayectoria nuclear de Irán que incorpora varios antecedentes adicionales:

CRONOLOGÍA NUCLEAR DE IRÁN

1987	Irán obtuvo tecnología de centrifugado nuclear del doctor Abdul Qadir Jan, un ingeniero paquistaní disidente.
Enero de 1995	Rusia suscribe con Irán un contrato por 800 millones de dólares para concluir la central nuclear de Bushehr.

Noviembre de 2004	Irán acepta suspender el enriquecimiento de uranio.
9 de enero de 2006	Luego de hacer caso omiso a la diplomacia europea, Irán reanuda la producción de uranio en su planta de Natanz, alegando que solo busca producir combustible para reactores eléctricos.
29 de marzo de 2006	El Consejo de Seguridad de la ONU aprueba por unanimidad una declaración que exige a Irán suspender el enriquecimiento de uranio.
9 de abril de 2006	Irán anuncia oficialmente que ha comenzado a enriquecer uranio.
2009–2012	Se suceden rondas de sanciones y conversaciones.
2012	Crecen las especulaciones sobre un ataque israelí contra Irán en medio de negociaciones renovadas y sanciones reforzadas.
2015	Irán y el grupo P5+1 (Estados Unidos, Reino Unido, Francia, China, Rusia y Alemania) suscriben el aclamado PAIC, también conocido como el acuerdo nuclear con Irán.
2019	Estados Unidos se retira del PAIC y restablece sanciones económicas devastadoras contra Irán. Como respuesta, Irán acelera su producción nuclear.

2020	Irán se desvinculó de sus compromisos con el pacto nuclear tras el ataque estadounidense con drones contra el general Qasem Soleimaní, un paso que redujo a menos de un año el tiempo necesario para una ruptura nuclear.
Enero de 2020	Un ataque estadounidense con drones mata al mayor general iraní Qasem Soleimaní. Irán informa que ya no acatará ninguna de las restricciones del PAIC en materia de enriquecimiento.
2020–2023	Irán amplía de forma progresiva sus actividades de enriquecimiento de uranio y la capacidad de sus centrifugadoras en paralelo a una reducción del acceso de los inspectores de la OIEA.
2023	Irán empieza a enriquecer uranio al 60 % de pureza, aproximándose a niveles de grado militar. Sus reservas crecen con rapidez.
7 de octubre de 2023	Hamás lanza un ataque sorpresa contra Israel con respaldo iraní, lo que desata una guerra regional.
Abril de 2024	Irán lanza su primer ataque militar directo contra Israel con más de 300 misiles y drones. Israel responde con ataques contra objetivos iraníes.

Septiembre de 2024	Israel elimina a Hasán Nasralá, jefe de Hezbolá, asestando un duro golpe a la principal fuerza aliada de Irán.
Diciembre de 2024	El régimen del presidente sirio Bashar al Asad colapsa, lo que corta el corredor terrestre de Irán hacia el Líbano y debilita su posición regional.
Mayo de 2025	El OIEA informa que las reservas iraníes de uranio enriquecido al 60 % superan los 400 kilogramos, cantidad suficiente para más de una docena de armas si se enriqueciera aún más.
Junio de 2025	Por primera vez en casi dos décadas, el consejo de la OIEA constató formalmente el quebrantamiento de los protocolos de control nuclear por parte de Irán.
13 de junio de 2025	Israel pone en marcha la operación León Ascendente con bombardeos masivos sobre instalaciones nucleares, centros de investigación e infraestructura militar de Irán.
22 de junio de 2025	Estados Unidos lleva a cabo ataques de seguimiento contra los sitios nucleares iraníes más blindados.

24 de junio de 2025	Se negocia un alto el fuego tras doce días de enfrentamientos intensos. El OIEA advierte que Irán podría reanudar el enriquecimiento «en cuestión de meses».
13 de octubre de 2025	Hamás libera a los veinte rehenes israelíes vivos que aún permanecían cautivos a cambio de 250 prisioneros palestinos y más de 1.700 detenidos. El presidente Trump viaja a Israel y pronuncia un discurso ante la Knéset. Trump copreside una cumbre internacional de paz en Sharm el-Sheij, Egipto, junto al presidente al Sisi. Más de veinte líderes del mundo suscriben la «Declaración Trump para una paz y prosperidad duraderas». Irán recibe una invitación, pero decide no asistir. El presidente de Estados Unidos expresa su disposición a levantar las sanciones sobre Irán si Teherán acepta negociar, y declara: «Me encantaría quitar las sanciones cuando estén listos para conversar».

DECLARACIONES VENENOSAS

Mientras Irán trabaja sin descanso en la obtención de un arma nuclear, su cúpula mantiene viva esa retórica de décadas que clama por borrar a Israel del mapa. Esa es una combinación potencialmente letal. Las declaraciones incendiarias continuaron incluso después de los devastadores ataques israelíes contra el programa nuclear iraní y su red de fuerzas aliadas entre 2024 y 2025. Esta es una muestra de lo que los líderes iraníes han dicho sobre Israel a lo largo de los años. Desde la perspectiva de Israel, es inadmisible que personas así puedan tener una bomba en sus manos:

- **EL AYATOLA ALÍ JAMENEÍ EXPRESÓ:** «La República Islámica de Irán tiene la misión de borrar a Israel del mapa de la región. El régimen sionista es un tumor canceroso que debe ser extirpado». En noviembre de 2024, dijo: «El régimen sionista será erradicado de la región. Con toda certeza».[11] En junio de 2025, después de los ataques israelíes contra instalaciones nucleares iraníes, dijo: «El criminal régimen sionista cometió un error al atacar a Irán. Sin duda recibirá una respuesta».[12]
- **HASÁN NASRALÁ**, líder de Hezbolá (muerto en un ataque israelí el 27 de septiembre de 2024), dijo: «Si se reúnen todos (los judíos) en Israel, nos ahorrarán el trabajo de ir tras ellos por todo el mundo. Israel es nuestro enemigo. Es una entidad agresiva, ilegal e ilegítima, que no tiene futuro en nuestra tierra. Su destino está expresado en nuestro lema: "Muerte a Israel"».
- **MOHAMAD HASÁN RAHIMIAN**, delegado de Jameneí ante la Fundación Mostazafán, declaró: «Hemos fabricado misiles que nos permitirán, cuando haga falta, borrar por completo a Israel en un gran holocausto».

- **MOHAMAD REZA NAQDÍ**, comandante de la fuerza paramilitar Basij, manifestó: «Les aconsejamos (a los sionistas) que recojan sus cosas y vuelvan a sus países. Y si insisten en quedarse, deben saber que llegará un día en que ya ni tiempo tendrán para empacar sus maletas».
- **HOSEIN SALAMÍ**, subcomandante de la Guardia Revolucionaria, dijo: «Los perseguiremos [a los israelíes] de casa en casa y vengaremos cada gota de sangre de nuestros mártires en Palestina; este es el punto de partida del despertar de las naciones islámicas para su derrota».[13]
- **HOSEIN SHEIJOLESLAM**, asesor de política exterior del entonces presidente del Parlamento, Alí Larijaní, afirmó: «Nuestras posturas contra el régimen sionista usurpador no han cambiado en nada; Israel debe ser aniquilado. Ese es nuestro lema definitivo».[14]
- **EL PRESIDENTE IRANÍ EBRAHIM RAISI** (octubre de 2023, tras el ataque de Hamás), manifestó: «La operación Diluvio de Al-Aqsa marcará un punto de inflexión en la lucha palestina; el régimen sionista ha recibido un golpe irreparable».[15]

Estas son solo algunas de las miles de declaraciones venenosas que han brotado de Irán y de sus fuerzas aliadas a lo largo de las décadas. Casi puede percibirse el veneno que escurre de la página mientras insisten, una y otra vez, en la idea de un segundo holocausto. Incluso después de que Israel diezmara la cúpula de Hezbolá, debilitara a Hamás y atacara instalaciones nucleares iraníes entre 2024 y 2025, la retórica sigue sin tregua desde Teherán. Los líderes iraníes se mantienen fieles a su objetivo declarado de destruir a Israel. Este compromiso convierte la perspectiva de un arma nuclear iraní en una amenaza existencial no solo para Israel, sino para la estabilidad de la región y del mundo.

2025: EL PASO AL UMBRAL NUCLEAR

Lo ocurrido en 2025 constituye un punto de inflexión crucial en la confrontación de cuatro décadas entre Israel, Estados Unidos e Irán. La tenencia de material nuclear a un paso del grado militar por parte de Irán dejó de ser una posibilidad teórica para convertirse en un hecho consumado.

Una vez más, conviene examinar de cerca los factores que confluyeron para convertir a 2025 en un año decisivo:

1. El enriquecimiento de uranio de Irán alcanzó niveles sin precedentes. A mediados de 2025, Irán poseía más de 400 kilogramos de uranio enriquecido al 60 % de pureza, un nivel que no tiene ningún uso civil pacífico y que se encuentra apenas por debajo del umbral del 90 % requerido para armas nucleares.[16] El salto técnico del 60 % al 90 % de enriquecimiento es relativamente pequeño, por lo que los expertos concluyeron que Irán podría darlo en cuestión de días si decidiera hacerlo.[17]
2. El OIEA formuló su censura más seria contra Irán en dos décadas. Tras dos décadas de silencio

institucional, la Junta de Gobernadores de la OIEA dictaminó en junio de 2025 que Irán ha vulnerado los protocolos de control nuclear.[18] Esta declaración dejó en claro que los esfuerzos diplomáticos habían fracasado en la práctica y que Irán llevaba a cabo su programa nuclear con una supervisión internacional mínima.

3. Irán siguió desarrollando centrifugadoras de última generación y ampliando su infraestructura nuclear en diversos emplazamientos, incluyendo la planta de Fordow, una instalación profundamente soterrada. Estos progresos acortaron de manera sustancial el llamado «tiempo de ruptura» de Irán, el período requerido para producir suficiente material fisible para un arma nuclear, hasta volverlo prácticamente nulo.[19]
4. El escenario regional cambió radicalmente. El ataque de Hamás contra Israel del 7 de octubre de 2023 y la guerra posterior en Gaza demostraron la disposición de Irán a utilizar su red de fuerzas aliadas para ataques a gran escala. El asesinato de Hasán Nasralá, líder de Hezbolá, por parte de Israel en septiembre de 2024 debilitó gravemente, pero no eliminó, la principal fuerza aliada de Irán. Estos episodios llevaron a los líderes de Israel a concluir que el margen para impedir que Irán obtuviera una bomba se agotaba rápidamente.[20]
5. El colapso del régimen de Asad en Siria en diciembre de 2024 supuso un golpe estratégico para Irán, al cortar su corredor terrestre hacia Hezbolá.

> Pero este golpe también hizo que los dirigentes iraníes buscaran con mayor desesperación asegurar su capacidad disuasoria nuclear a medida que su posición regional se debilitaba.[21]

Frente a la convergencia de estos factores, Israel tomó la decisión fatal de atacar. El 13 de junio de 2025, aeronaves israelíes, apoyadas por inteligencia estadounidense y probablemente por asistencia táctica, ejecutaron la operación León Ascendente con ataques de precisión contra instalaciones nucleares clave de Irán.[22] Los ataques apuntaron contra centros de enriquecimiento, instalaciones de investigación e infraestructura de producción, en un intento por retrasar el programa nuclear iraní durante meses o incluso años.

Los bombardeos causaron daños significativos, pero no erradicaron el programa nuclear de Irán. El director general del OIEA, Rafael Grossi, advirtió que Irán podría reanudar el enriquecimiento de uranio «en cuestión de meses».[23] El problema fundamental no cambió: Irán tiene el conocimiento, la infraestructura y los materiales para fabricar armas nucleares. Los ataques ganaron tiempo, pero no solucionaron la crisis.

Las secuelas de los ataques de junio de 2025 dieron paso a un alto el fuego temporal mediado por negociadores internacionales, pero el conflicto de fondo sigue sin resolverse.[24] Irán continúa empeñado en sus aspiraciones nucleares, Israel insiste en que es inadmisible que Irán posea armas nucleares. Además, ambas partes saben que el siguiente asalto podría ser el último.

La pregunta ya no es *si* Irán traspasará el umbral nuclear, sino *cuándo* y qué ocurrirá cuando lo haga.

ACELERANDO EL APOCALIPSIS

El peligro de que Irán obtenga un arma nuclear siempre se ha visto exacerbado por la ideología religiosa apocalíptica que mantiene a sus líderes bajo su control. El ayatola y los siniestros mulás de Irán se aferran a una visión del mundo alarmante y perturbadora, digna de un «Apocalipsis ahora». Esperan el regreso de su Mahdi o mesías, conocido como el «imán duodécimo».

Creen que, mediante el caos y el derramamiento de sangre, pueden apresurar el fin de los días y su triunfo definitivo. Parte de esa aceleración del apocalipsis consiste en deshacerse del «Gran Satán» (Estados Unidos) y del «Pequeño Satán» (Israel). Esto añade una dimensión mucho más profunda a la virulencia de Irán contra Estados Unidos e Israel, así como a sus ambiciones nucleares. Esta confrontación no es solo una cuestión de poder y geografía, también es la manera en que Irán busca concretar su destino mesiánico.

Lela Gilbert, en un artículo para *The Jerusalem Post*, expone el delirio apocalíptico que sustenta la ambición nuclear iraní y su beligerancia global.

> ¿Por qué Irán continúa con su retórica belicista y sus amenazas de masacrar israelíes? ¿Por qué los líderes religiosos y militares de Irán juran constantemente desatar una

violencia atroz contra sus adversarios? ¿Por qué la agresión creciente se despliega a través de diversos grupos aliados iraníes en el Medio Oriente? En la actualidad, los comentaristas internacionales dan por hecho que las amenazas de agresión y los tambores de guerra no son más que el modo en que Irán planta cara a unas sanciones estadounidenses que tienen asfixiados a su cúpula y a sus organismos. Mientras tanto, los disturbios en el Golfo Pérsico han puesto de relieve la furia de la República Islámica por la retirada de Estados Unidos del PAIC. Pero existe, tal vez, otro motivo: una creencia apocalíptica profundamente arraigada en el líder supremo de Irán y sus seguidores.

Gilbert añade:

La figura del Imán Oculto (o el duodécimo) es central en una forma particular de la doctrina chiíta llamada «imamismo duodecimal», la cual constituye el principal sistema de creencias de la cúpula iraní. Según una creencia mesiánica, al final de los tiempos el Imán Oculto se manifestará en medio de una escena apocalíptica y violenta, en un campo de batalla teñido con la sangre de los infieles...

[El académico iraní Said Gasemineyad escribió:] «Pese a que multitud de expertos sostienen que Irán posee un régimen racional y pragmático como cualquier otro, la realidad de los hechos grita lo contrario. Una gran cantidad de funcionarios y dirigentes iraníes tienen creencias apocalípticas profundamente arraigadas. Menospreciar este fanatismo ideológico al tiempo que el régimen de Irán se encamina hacia la obtención de una bomba nuclear solo puede derivar en conclusiones peligrosamente erróneas. La idea que ha ganado terreno últimamente de que un Irán con armas nucleares no supondría el fin del mundo, podría ser un error de consecuencias fatales».[25]

El poeta y escritor israelí Salmán Masalha lo resume de manera elocuente: «La revolución islámica, que llevó a los ayatolas al poder en Irán, despertó de su letargo a demonios mesiánicos».[26] Hoy, esos demonios despiertos se exhiben sin disimulo en Irán. Quienes comprendan el vínculo entre las ambiciones nucleares de Irán y sus demonios mesiánicos contarán con un motivo adicional para impedir que el régimen obtenga armas de destrucción masiva.

LA CONEXIÓN SIRIA

La presencia que Irán mantuvo en Siria durante años incidió de forma importante en su imaginario apocalíptico y en su afán por conseguir armas nucleares Durante años, Irán sostuvo una fuerte presencia militar en Siria por múltiples motivos estratégicos: su proximidad a la frontera norte de Israel, el apoyo al régimen de Bashar al Asad en la guerra civil desatada desde 2011 y la construcción de una «media luna chiita» que se extendiera de Irán al Mediterráneo. No obstante, una razón que suele pasarse por alto en cuanto al despliegue de Irán en Siria es el mesianismo que atenaza a su amenazante mulocracia. De acuerdo con la doctrina duodecimal imperante en Irán, Siria posee un significado trascendental en el horizonte de sus anhelos mesiánicos.

Siria resulta fundamental para Irán por motivos mesiánicos ya que, según las tradiciones chiitas, el regreso del Mahdi está vinculado a una sangrienta guerra civil que tendrá lugar en suelo sirio y se cobrará cientos de miles de vidas. La profecía describe un conflicto que comenzará a pequeña escala, pero que se intensificará. Luego parecerá apaciguarse en un punto solo para rebrotar con furia en otro, en una espiral que continuará hasta la parusía del Mahdi.[27]

Según esta tradición, cuando aparezca el Mahdi chiita llevará el nombre explícito de Dios en hebreo. Asimismo, sostendrá la vara de Moisés, llevará el sello de Salomón y cargará el arca del pacto de los israelitas, donde mora la presencia divina (*shekinah*). Con el arca y la presencia divina someterá ciudades y naciones, e instaurará la ley y la justicia en el mundo.[28]

Durante años, Irán interpretó su creciente presencia en Siria como la culminación de siglos de espera mesiánica. La cúpula iraní creía que los sucesos seguían el curso previsto por su propia concepción de los últimos tiempos. Entonces llegó diciembre de 2024. La brutal guerra civil de Siria, que venía causando estragos desde 2011, tuvo un final dramático e inesperado cuando las fuerzas rebeldes derribaron al régimen de Asad.[29] Asad huyó a Rusia, poniendo fin a más de cincuenta años de gobierno familiar. El colapso fulminante dejó atónita a la región y representó para Irán una derrota estratégica catastrófica.

La caída de Asad cortó el corredor terrestre de Irán hacia Hezbolá en Líbano, que era la ruta de abastecimiento vital a través de la cual Irán había armado y respaldado a su aliado más poderoso. Irán perdió las bases militares que había construido en toda Siria. Las fuerzas rusas, ya desgastadas por la guerra en Ucrania, no pudieron impedir el colapso del régimen. En pocos días, la inversión iraní de décadas en Siria y su «media luna chiita», levantada minuciosamente, se derrumbaron.

Pese a todo, la ideología mesiánica iraní sigue siendo la misma. Los líderes iraníes siguen creyendo en las profecías apocalípticas que originalmente los llevaron a Siria. Siguen buscando maneras de conservar su influencia en la región y de recuperar lo que perdieron. Las convicciones teológicas que guiaron la estrategia iraní en Siria, es decir, la creencia de que podía apresurarse el retorno del Mahdi por medio de la guerra y el derramamiento de sangre, no se desvanecieron con la caída de Asad.

Lejos de disuadirlos, los reveses estratégicos de entre 2024 y 2025 podrían exacerbar la desesperación de Irán y, por consiguiente, acrecentar la amenaza. Tras perder Siria, ver diezmado a Hezbolá y soportar ataques contra sus instalaciones nucleares, los líderes iraníes enfrentan una disyuntiva tajante: aceptar un papel regional disminuido o redoblar su apuesta por las armas nucleares para garantizar su permanencia y hegemonía en la región.

El colapso del régimen de Asad demuestra que incluso los planes trazados con esmero pueden desmoronarse con rapidez en el volátil Medio Oriente. Esto no altera las dinámicas de fondo que empujan a Irán hacia la confrontación. El fervor mesiánico, la determinación de destruir a Israel y la búsqueda de capacidad nuclear siguen intactos. Lo único que ha cambiado es el terreno de juego.

CONEXIONES CONVERGENTES

Pese a que importantes derrotas redibujan el mapa regional, Irán continúa tomando medidas agresivas para materializar su futuro apocalíptico. El régimen de los mulás, el liderazgo del ayatola, la carrera nuclear, un escenario violento de los últimos tiempos y un odio visceral hacia Israel y Estados Unidos siguen siendo los ingredientes esenciales de esta visión apocalíptica. Incluso tras perder el bastión sirio, ver a Hezbolá debilitado y soportar embates contra su programa nuclear, Irán no ha renunciado a sus objetivos finales. En algún punto, estos elementos se combinarán en un cóctel tóxico que desencadenará una cadena de hechos capaz de impulsar al mundo hacia el cumplimiento de una antigua profecía bíblica. La pregunta ahora es si las derrotas recientes de Irán aplazarán o acelerarán esa confrontación.

Pero antes de pasar a la antigua profecía del profeta hebreo Ezequiel, todavía falta añadir a la mezcla un ingrediente más, el cual es altamente volátil.

CAPÍTULO 3

EN APUROS

Disponemos de los medios necesarios para cerrar el estrecho de Ormuz. La decisión recae en funcionarios de alto rango, y la Armada del CGRI actuará de acuerdo con las órdenes recibidas.

—*Contralmirante Alireza Tangsirí,*
Cuerpo de la Guardia Revolucionaria Iraní,
Comandante de la Armada, febrero de 2025

Sería una locura que el régimen iraní tomara esa decisión.

—*Karoline Leavitt,* secretaria de prensa de
la Casa Blanca, sobre el cierre del estrecho de
Ormuz por parte de Irán, junio de 2025

Al Departamento de Energía: «¡PERFOREN, SEÑORES, PERFOREN! ¡Y me refiero a AHORA MISMO! ¡TODOS, MANTENGAN BAJOS LOS PRECIOS DEL PETRÓLEO! ¡LOS ESTOY VIGILANDO! ¡ESTÁN HACIÉNDOLE EL JUEGO AL ENEMIGO! ¡NO LO HAGAN!».

—*Presidente Donald Trump,* junio de 2025

SEGÚN EL DICCIONARIO DE LA LENGUA ESPAÑOLA, *estar en apuros* significa estar en «aprieto, conflicto, dificultad» con un sentido de «apremio, prisa, urgencia».[1] Esa es una descripción adecuada de la situación más apremiante del mundo: lo que sucede en el patio trasero de Irán en torno al Estrecho de Ormuz. Una sombra oscura se cierne sobre las aguas del estrecho mientras enormes buques atraviesan su angosto canal bajo la atenta mirada de Irán, que amenaza regularmente con cerrar el estrecho en represalia por las acciones de EE. UU. Esto podría llamarse el «bloqueo iraní», ya que el estrecho de Ormuz suele llenarse de lanchas iraníes que están listas para rodear embarcaciones hostiles y cerrar el grifo de petróleo del Golfo Pérsico. El estrecho de Ormuz es una zona de conflicto internacional desde hace mucho tiempo. Ha sido el epicentro de los enfrentamientos entre Estados Unidos e Irán durante más de treinta años.

¿Qué lo convierte en un punto de conflicto frecuente y recurrente en las noticias?

El estrecho de Ormuz es el principal canal de navegación del mundo. Conecta el Golfo Pérsico y el Golfo de Omán, y se encuentra a lo largo de la costa occidental de Irán. Los barcos que lo atraviesan deben pasar por aguas iraníes, ya que es el único paso marítimo desde el Golfo Pérsico, rico en petróleo, hacia el océano abierto. E Irán cree que le pertenece.

El estrecho de Ormuz es una vía de acceso vital para el suministro global de petróleo. Es el cuello de botella más importante del mundo para el tránsito de petróleo, por el que pasan unos veintiún millones de barriles de petróleo por día.

Aproximadamente el 27 % del comercio marítimo mundial de crudo y productos petroleros pasa por allí, además del 22 % del comercio mundial de gas natural licuado.[2]

El estrecho tiene unos 154 kilómetros de largo y unos 33 kilómetros de ancho en su punto más angosto; sin embargo, las rutas de navegación en cada dirección tienen solo unos 3 kilómetros de ancho. Esta zona de operación tan reducida le ofrece a Irán una ventaja táctica importante, ya que le facilita la colocación de minas y el despliegue de una gran cantidad de lanchas.

TENSIONES HISTÓRICAS Y ESCALADAS RECIENTES

El estrecho de Ormuz ha sido durante mucho tiempo un punto crítico de confrontación entre Estados Unidos e Irán. El tenso verano de 2019 ilustró la hostilidad en curso cuando seis buques petroleros fueron atacados: dos resultaron dañados por explosiones después de salir del estrecho, y cuatro fueron impactados dentro de las aguas territoriales de los Emiratos Árabes Unidos. Irán desvió un buque petrolero con bandera británica hacia uno de sus puertos en una acción que el Reino Unido calificó de ilegal y derribó un dron estadounidense que sobrevolaba el estrecho. Estados Unidos, a su vez, derribó un dron iraní que se acercó demasiado al buque USS *Boxer.* Este peligroso «juego de drones» llevó a Estados Unidos e Irán al borde de una guerra armada.[3]

En respuesta a estas provocaciones, Estados Unidos movilizó catorce mil tropas adicionales a la región, incluido un portaaviones, y prometió responder con fuerza ante cualquier acción similar de Irán.[4]

Los incidentes de 2019 pusieron de manifiesto un patrón que ha continuado hasta el presente: Irán utiliza el estrecho como instrumento de presión frente a las sanciones económicas de Occidente y como un medio para hacer alarde de su fuerza, demostrando que puede interrumpir el flujo global de petróleo al bloquear el acceso al Golfo Pérsico. El estrecho sigue siendo el arma no nuclear más potente de Irán, ya que lo considera una ventaja geográfica que le permite amenazar el suministro de energía mundial con recursos militares relativamente limitados.

En los últimos años, las tensiones sobre el estrecho han evolucionado más allá de incidentes aislados. El conflicto regional más amplio que estalló en octubre de 2023 con el ataque de Hamás a Israel, seguido por ataques directos de misiles iraníes a Israel en abril de 2024 y ataques israelíes en territorio iraní en junio de 2025, demostró que el escenario de confrontación se ha expandido más allá del Golfo Pérsico. Aun así, el estrecho de Ormuz sigue siendo un punto de presión crítico.

Rusia y China continúan realizando ejercicios navales conjuntos con Irán en el Golfo de Omán, justo fuera del estrecho, reforzando la imagen de Irán como una potencia regional respaldada por grandes potencias.

China, Irán y Rusia llevaron a cabo unas maniobras navales llamadas «Cinturón de Seguridad Marítima 2025» en el Golfo de Omán, cerca del estrecho de Ormuz, con el objetivo de transmitir unidad y la idea de que Irán colabora con las grandes potencias.[5] Estas maniobras sirven como recordatorio de que cualquier conflicto sobre el estrecho podría involucrar a otras grandes potencias, lo que podría terminar desencadenando una confrontación mucho más amplia.

LA GUERRA DE LOS BUQUES PETROLEROS

Los enfrentamientos en el Golfo Pérsico entre Estados Unidos e Irán no son algo nuevo.

Lo que vemos hoy evoca recuerdos de la guerra de los buques petroleros de hace más de treinta años, cuando el estrecho de Ormuz fue el escenario de un tenso enfrentamiento entre Estados Unidos e Irán.[6] Durante la década de 1980, el 40 % del petróleo mundial pasaba por el estrecho de Ormuz, por lo que cualquier interrupción, por mínima que fuera, amenazaba con crear caos en el mercado global del petróleo.

La guerra de los buques petroleros se libró de 1984 a 1988 durante la guerra entre Irán e Irak, cuando Irán atacó a buques kuwaitíes que transportaban el petróleo de Irak al mercado. Kuwait convenció al presidente de EE. UU., Ronald Reagan, para que cambiara la bandera de sus buques y los escoltara a través del estrecho de Ormuz. En la primavera de 1988, una mina iraní averió y estuvo a punto de hundir al USS *Samuel B. Roberts*. En respuesta a las acciones de Irán, el 18 de abril de 1988, estalló un conflicto abierto entre Estados Unidos e Irán. Estados Unidos libró una intensa batalla de un día contra las fuerzas iraníes en el estrecho y sus alrededores. El enfrentamiento entre Estados Unidos e Irán provocó la neutralización de varios buques de guerra iraníes.

De alguna manera, la guerra de los buques petroleros entre Estados Unidos e Irán nunca terminó. Solo fue suspendida indefinidamente. Si bien ambos lados dejaron de atacar, en realidad nunca se resolvió ni se solucionó nada. No fue más que un preludio peligroso de lo que está sucediendo hoy en el Golfo Pérsico y de lo que inevitablemente continuará sucediendo en el futuro.

DEL PRELUDIO A LA PROFECÍA

El estrecho de Ormuz ha estado en el centro de las crecientes tensiones entre Estados Unidos, Israel e Irán durante décadas. Desde la guerra de los buques petroleros de finales de la década de 1980 hasta las confrontaciones de 2019 en adelante, el estrecho ha sido y sigue siendo una zona de gran peligro. La diferencia ahora es que las dinámicas regionales han cambiado drásticamente.

Irán ya no solo amenaza con cerrar el estrecho u hostigar a los buques. En abril de 2024, Irán lanzó su primer ataque militar directo contra territorio israelí, en el que disparó una andanada de más de trescientos misiles y drones contra Israel desde suelo iraní.[7] Aunque la mayoría fueron interceptados con la ayuda de Estados Unidos y aliados regionales, el ataque rompió el patrón histórico de Irán de actuar exclusivamente a través de intermediarios. Irán cruzó un umbral, demostrando su disposición a atacar directamente a Israel a pesar de los riesgos.

Israel respondió de la misma manera, y la escalada de represalias culminó en junio de 2025 con la operación León Ascendente: masivos ataques de Israel contra las instalaciones nucleares e infraestructura militar iraní,[8] seguidos de ataques estadounidenses a los sitios nucleares más fortificados de Irán. A pesar del alto el fuego negociado después de doce días de intensos combates, nada quedó realmente resuelto.[9]

En esta nueva realidad, el estrecho de Ormuz adquiere una importancia aún mayor. La posición regional de Irán ha quedado muy debilitada. Perdió a su aliado sirio cuando el régimen de Asad colapsó en diciembre de 2024. Su aliado más poderoso, Hezbolá, quedó devastado por los ataques israelíes que acabaron con la vida de su histórico líder Hasán Nasralá y destruyeron gran parte de la infraestructura militar de la organización. Su programa nuclear, aunque no fue eliminado, se vio muy afectado por los ataques de junio de 2025.

Hay que tener en cuenta que un Irán debilitado puede ser incluso más peligroso que uno confiado. Con menos opciones estratégicas, Irán podría ver el estrecho como su último instrumento de presión, el cuello de botella geográfico donde aún mantiene ventaja táctica. Las estrechas aguas le dan a Irán la capacidad de amenazar los suministros energéticos globales con activos militares relativamente modestos: minas, enjambres de lanchas, misiles antibuque y drones. En una confrontación donde Irán está perdiendo terreno en todos los demás frentes, el estrecho se convierte tanto en un último recurso como en un objetivo tentador.

Irán, que nunca pierde la oportunidad de amenazar a Israel, continúa utilizando las tensiones en el estrecho de Ormuz como plataforma para la intimidación y la escalada. A raíz de los nuevos enfrentamientos marítimos en 2025, altos comandantes iraníes han advertido que si Israel o sus aliados interfieren en el estrecho, Tel Aviv y Haifa enfrentarán la destrucción en cuestión de minutos.[10] Estas amenazas se produjeron mientras la Armada de Irán, junto con buques rusos y chinos, realizaban ejercicios conjuntos en el Golfo de Omán, una demostración inequívoca de fuerza destinada a señalar que cualquier conflicto en las aguas frente a la costa sur de Irán podría expandirse rápidamente a una confrontación regional.[11]

El jefe de la Armada iraní, el almirante Shahram Iraní, declaró en enero de 2026 que las fuerzas de la República Islámica se encontraban en «pleno estado de alerta» para responder ante cualquier presencia israelí en el estrecho.[12] Estas provocaciones sirven como un recordatorio contundente: el estrecho de Ormuz sigue siendo uno de los puntos de conflicto más peligrosos del mundo, donde un solo error de cálculo podría desencadenar una guerra que involucraría a múltiples potencias globales.

Como advirtió hace años el ministro de Relaciones Exteriores de Irán, Mohamad Yavad Zarif, «siempre respondemos. No jueguen con Irán».[13] Esa declaración ha resultado profética. La estrategia de represalias de Irán, basada en el principio del «ojo por ojo», ha quedado de manifiesto en los últimos años, desde los ataques con misiles de abril de 2024 hasta las amenazas continuas contra funcionarios estadounidenses y el apoyo constante a los ataques contra Israel a través de sus aliados restantes.

El estrecho de Ormuz seguirá siendo un escenario crítico para un posible conflicto entre Estados Unidos, sus aliados e Irán. Un movimiento imprudente de cualquier parte podría reavivar la guerra abierta, pero esta vez lo que está en juego es inconmensurablemente mayor que en 1988 o incluso que en 2019. Irán está acorralado, ha demostrado su disposición a atacar directamente a sus adversarios y mantiene el control sobre el cuello de botella energético más vital del mundo.

A medida que aumenta la tensión en el Medio Oriente de cara a los últimos tiempos, como lo profetizaron Ezequiel y otros escritores bíblicos, el estrecho de Ormuz sin duda tendrá un papel significativo. No es solo una ruta de navegación; es un polvorín, y la mecha se acorta con cada nuevo enfrentamiento.

CAPÍTULO 4

LAS PROFECÍAS SOBRE PERSIA

El pasado nunca está muerto. Ni siquiera es pasado.

—*William Faulkner, Réquiem por una monja*

EN SU OBRA *La tempestad*, el personaje de Shakespeare, Antonio, pronuncia las ahora famosas palabras: «Lo pasado es prólogo». En el uso contemporáneo, la frase significa que la historia crea el contexto para el presente. Lo que ha sucedido en el pasado prepara el escenario para el presente y el futuro.

Lo que es cierto en términos generales lo es más aún en la profecía bíblica. Los sucesos históricos suelen determinar el futuro e incluso se repiten. Recapitulan y replican patrones establecidos. Las profecías bíblicas relacionadas con Persia no son la excepción. El pasado de Irán es un prólogo de lo que vemos hoy y también de lo que sucederá en el futuro.

El antiguo Imperio persa era impresionante. Conquistó Babilonia bajo el gobierno del rey Ciro y dominó una vasta extensión de territorio durante unos doscientos años (539-331 a. C.). El imperio se extendía a lo largo de más de 5 millones de kilómetros cuadrados, desde Egipto hasta la India.

Mientras presenciamos el intento de Irán de dar nacimiento a un nuevo Imperio persa, es importante mirar brevemente las profecías bíblicas sobre Persia que ya se han cumplido para ver qué nos pueden decir, si es que nos dicen algo, sobre lo que vemos hoy y lo que podemos esperar mañana.

PERSIA: UNA INTRODUCCIÓN

Si bien la palabra *Irán* nunca aparece en la Biblia en ninguna profecía que hable sobre los últimos tiempos, el nombre de su antiguo equivalente, *Persia*, en sus diversas formas, se encuentra treinta y seis veces en el Antiguo Testamento. No hace mucho, el nombre Persia pasó a ser Irán, que significa «tierra de los arios», y luego se cambió por el de República Islámica de Irán.

Aunque muchas instancias de la palabra *Persia* en las Escrituras son simplemente referencias históricas, hay varias profecías bíblicas fascinantes sobre Persia que ya se han cumplido. El cumplimiento pasado de las profecías sobre Persia sirve como prólogo de lo que vemos hoy. Conocer el cumplimiento real de las profecías pasadas establece el rumbo para el cumplimiento de las profecías futuras.

DANIEL: EL AUGE Y LA CAÍDA DEL IMPERIO PERSA

El profeta judío Daniel vivió en el siglo VI a. C. durante el Imperio babilónico y los primeros años del Imperio persa.

El libro de Daniel contiene tres profecías principales sobre la antigua Persia que ya se cumplieron en el pasado.

DANIEL 2: LOS BRAZOS DE PLATA

Daniel 2 relata un sueño que Dios le dio a Nabucodonosor, rey de Babilonia, cuyo significado fue interpretado por Daniel el profeta. En el sueño aparecía una estatua colosal de un hombre compuesta por cuatro metales diferentes: oro (la cabeza), plata (el pecho y los brazos), bronce (el vientre y los muslos) y hierro (las piernas). Los pies eran una mezcla de hierro y barro. Daniel interpretó estos cuatro metales como símbolos de cuatro imperios sucesivos que gobernarían sobre Israel: Babilonia, Persia, Grecia y Roma. Los pies, con diez dedos, representaban una forma final del Imperio romano en los últimos tiempos bajo el gobierno de diez líderes a los que me gusta llamar el G-10. Esto a menudo ha sido denominado como Roma II: un Imperio romano reunificado, revivido y reconstituido. Muchos creen que la Unión Europea es una fase embrionaria de esta etapa final del Imperio romano.

El punto principal, para nuestros propósitos, es que Daniel predijo el auge del Imperio persa mientras Babilonia aún gobernaba y vio con precisión la futura caída de Persia ante Grecia. Esto ocurrió doscientos años después de la muerte de Daniel.

DANIEL 7: UN OSO DESPROPORCIONADO

Daniel 7 presenta la misma sucesión de imperios que Daniel 2, pero en el capítulo 7, Daniel utiliza animales salvajes para simbolizar los imperios.

> Miraba yo en mi visión nocturna que los cuatro vientos del cielo agitaban el gran mar; y cuatro bestias enormes, diferentes unas de otras, subían del mar. La primera era como un león y tenía alas de águila. Mientras yo miraba, sus alas le fueron arrancadas, fue levantada del suelo y puesta sobre dos pies, como un hombre, y le fue dado corazón de hombre. Y otra segunda bestia, semejante a un oso, estaba levantada de un costado, y en su boca, entre sus dientes, tenía tres costillas. Y le dijeron así: «Levántate, y devora mucha carne». Después de esto seguí mirando, y otra más, semejante a un leopardo que tenía sobre su lomo cuatro alas de ave. La bestia tenía cuatro cabezas, y le fue dado dominio. (Daniel 7:2-6)

El oso, que simboliza el Imperio medo-persa, aparece como desproporcionado porque los medos inicialmente dominaron el imperio, pero luego fueron superados por los persas. Todo esto sucedió tal como Daniel predijo.

DANIEL 8: UN CARNERO DERROTADO

La última profecía sobre Persia que ya se ha cumplido se encuentra en Daniel 8.

> En el tercer año del reinado del rey Belsasar, se me apareció a mí, Daniel, una visión, después de aquella que se me había aparecido anteriormente. Cuando miré en la visión, sucedió que al mirar, yo me encontraba en la ciudadela de Susa, que está en la provincia de Elam, y vi en la visión que yo estaba junto al río Ulai. Alcé, pues, mis ojos y miré que un carnero estaba delante del río.

> Tenía dos cuernos, y los dos cuernos eran altos, pero uno era más alto que el otro, y el más alto creció al último. Vi al carnero dando cornadas al oeste, al norte y al sur, y ninguna bestia podía mantenerse en pie delante de él, y nadie podía librarse de su poder. Hacía lo que quería, y se engrandeció. Al estar yo observando, vi que un macho cabrío venía del occidente sobre la superficie de toda la tierra sin tocar el suelo. El macho cabrío tenía un cuerno prominente entre los ojos. Se dirigió al carnero que tenía los dos cuernos, que yo había visto parado delante del río, y lo acometió con la furia de su poder. Lo vi venir junto al carnero, y enfurecido contra él, hirió al carnero y le rompió los dos cuernos, y el carnero no tenía fuerza para mantenerse en pie delante de él. Lo arrojó en tierra y lo pisoteó, y no hubo nadie que librara al carnero de su poder. (Daniel 8:1-7)

No se nos deja a nuestra imaginación la identidad del carnero y el macho cabrío. Más adelante en Daniel 8, el carnero es identificado como Persia y el macho cabrío como Grecia (Daniel 8:20-21). Esta profecía es asombrosamente específica. El carnero tiene dos cuernos. Uno es más largo que el otro, y el más largo apareció a lo último. La imagen es similar al oso desproporcionado de Daniel 7. El macho cabrío en esta profecía vence al carnero. La profecía se cumplió en el Imperio medo-persa. Los medos, que al principio eran más poderosos en el imperio, fueron eclipsados por los persas, quienes se convirtieron en la potencia dominante. Con el tiempo, Grecia conquistó a ambos.

Daniel predijo con precisión los detalles de la caída del

Imperio persa ante Alejandro Magno doscientos años antes de que ocurriera, entre 334 y 331 a. C. Después de esa aplastante derrota, Persia nunca volvió a ser una gran potencia en la historia.

Las profecías de Daniel sobre Persia se cumplieron de forma real e histórica con precisión total. Podemos ponerlas a prueba como cientos de otras profecías bíblicas que se han cumplido tal como se predijeron.

ISAÍAS: EL REINADO DE CIRO EL GRANDE

Daniel no fue el único que profetizó sobre Persia. Casi doscientos años antes de la profecía de Daniel, Isaías pronunció una asombrosa profecía relacionada con Persia y su mayor líder, el rey Ciro. Se hace referencia a él en Isaías 41:2-4, 25, pero en Isaías 44:28 y 45:1, se lo llama específicamente por su nombre más de cien años antes de que naciera. Isaías 45:2-6 va aún más lejos, pues predice las conquistas de Ciro y los edictos que permitirían al pueblo judío regresar a su tierra.

Isaías 44:28 predice de forma específica que Ciro devolvería a los judíos a su tierra y les permitiría volver a rendir culto en el templo. «El que dice de Ciro: "Él es Mi pastor, y él cumplirá todos Mis deseos", y dice de Jerusalén: "Será reedificada", y al templo: "Serán echados tus cimientos"». Esto se cumplió de manera extraordinaria en 2 Crónicas 36:22-23.

> Y en el primer año de Ciro, rey de Persia, para que se cumpliera la palabra del Señor por boca de Jeremías, el

> Señor movió el espíritu de Ciro, rey de Persia, y este envió a proclamar de palabra y también por escrito, por todo su reino: «Así dice Ciro, rey de Persia: "El Señor, el Dios de los cielos, me ha dado todos los reinos de la tierra, y me ha designado para que yo le edifique una casa en Jerusalén, que está en Judá. Quien de entre ustedes sea de Su pueblo, suba allá, y el Señor su Dios sea con él"».

Resulta interesante que, a juzgar por el trato favorable que el presidente Donald Trump dispensa a Israel y al pueblo judío, algunos hayan sugerido que él es un equivalente moderno de Ciro. No hay duda de que el presidente Trump ha sido un gran amigo y aliado de Israel. Todo defensor y amigo de Israel le debe al presidente un agradecimiento por sus acciones a favor del pueblo judío y su tierra. Su lista de logros es impresionante.

El presidente Trump trasladó la embajada de EE. UU. de Tel Aviv a Jerusalén (reconociendo a Jerusalén como la capital de Israel), reconoció los Altos del Golán como parte de Israel, legalizó los asentamientos judíos en Cisjordania y firmó un decreto presidencial que incluía la condena de cualquier prejuicio antijudío como forma de discriminación. En su segundo mandato presidencial, que comenzó en 2025, Trump llevó a cabo una acción militar directa contra el programa nuclear de Irán, ordenando ataques a las instalaciones nucleares iraníes que dañaron significativamente su capacidad operativa. Más recientemente, en octubre de 2025, Trump logró negociar con éxito la liberación de todos los rehenes israelíes que quedaban en manos de Hamás y convocó una cumbre internacional por la paz en Egipto, demostrando su continuo compromiso con la estabilidad en el Medio Oriente.

A la luz de las acciones del presidente Trump y su similitud con las de Ciro, algunos maestros de profecía han proyectado un vínculo profético entre estos dos líderes que están separados por más de dos mil quinientos años. Durante su primera presidencia, algunos señalaron que el nombre de Ciro aparece mencionado en Isaías 45 y que Donald Trump fue el cuadragésimo quinto presidente, sugiriendo así un designio divino. Ahora que es el cuadragésimo séptimo presidente, tal especulación numérica parece aún más problemática. Entonces, ¿qué deberíamos pensar de esto?

La conexión entre sus acciones hacia Israel es sin duda interesante. No tengo problema en ver similitudes entre el presidente Trump y Ciro en su trato favorable hacia el pueblo de Dios. Sin embargo, cualquier vínculo profético basado en coincidencias numéricas es, en el mejor de los casos, débil y, en el peor de los casos, especulativo y sensacionalista.

DEL PASADO AL PRESENTE

La antigua Persia desapareció del escenario mundial después de ser subyugada por el Imperio griego bajo Alejandro Magno, tal como lo predijeron las Escrituras. Después de ser absorbida por los griegos, Persia acabó desvaneciéndose y terminó en el olvido de la historia en lo que respecta a su papel como actor mundial significativo. Esa condición se mantuvo durante siglos, pero en la última parte del siglo XX, fuimos testigos de la más reciente reencarnación del Irán Imperial cuando Irán ascendió a un lugar de prominencia en el Medio Oriente bajo el gobierno del ayatola y el islamismo radical. Desde entonces, durante más de cuatro décadas, Irán se consolidó como un actor desestabilizador central en la región.

Sin embargo, como hemos visto, los acontecimientos de 2023-2025 han desafiado radicalmente el dominio regional de Irán. La guerra de doce días entre Israel e Irán en junio de 2025, junto con el colapso del régimen de Asad en Siria, el profundo deterioro de Hezbolá y el debilitamiento de Hamás, ha desmantelado gran parte del «eje de resistencia» cuidadosamente construido por Irán. Estas derrotas estratégicas han dejado a Irán más aislado y desesperado que en ningún otro momento desde la revolución de 1979, pero aún posee su recurso más peligroso: un programa nuclear al umbral de la producción de armas.

El auge de Irán en las últimas décadas no es un accidente, y tampoco lo es su desesperación actual. Ambas fases sirven como partes clave de la matriz de acontecimientos que preparan el escenario para los últimos tiempos. La trayectoria moderna de Irán, tanto sus décadas de expansión regional como su reciente colapso estratégico, se alinea con la profecía de los últimos tiempos que se encuentra en Ezequiel 38-39. El cumplimiento de esta antigua profecía no requiere un Irán triunfante, sino uno desesperado: acorralado, armado nuclearmente y empujado a forjar la alianza con Rusia y

Turquía que el profeta predijo. La debilidad actual de Irán puede, paradójicamente, acelerar, en lugar de prevenir, el enfrentamiento profético que Ezequiel describió.

Para junio de 2025, Irán había cruzado todas las líneas rojas con respecto al desarrollo nuclear, excepto la de ensamblar un arma. Los servicios de inteligencia confirmaron que Irán poseía más de 408 kilogramos de uranio enriquecido al 60 % de pureza, un nivel que no tiene aplicación civil y que está a solo unos pasos del 90 % necesario para la fabricación de armas. Esto representaba un aumento de casi el 50 % desde febrero de 2025 solamente.

Más alarmante aún era el plazo estimado para que Irán alcanzara la capacidad de fabricación. Como hemos señalado, los servicios de inteligencia de EE. UU. evaluaron que Irán podría producir ahora suficiente uranio de grado armamentístico para múltiples dispositivos nucleares en menos de una semana. La Agencia de Inteligencia de Defensa confirmó que Irán necesitaría «probablemente menos de una semana» para producir suficiente material fisionable para un arma nuclear.

Esta situación límite desencadenó los dramáticos acontecimientos de junio de 2025: los ataques «preventivos» de Israel contra las instalaciones nucleares iraníes en Fordow, Natanz e Isfahan, mientras afirmaba que Irán estaba «más cerca que nunca de obtener un arma nuclear». Los ataques no solo se dirigieron a las instalaciones de enriquecimiento, sino también a científicos nucleares iraníes y a altos comandantes de la Guardia Revolucionaria.

Irán respondió con ataques de misiles balísticos contra Israel, lo que provocó que el conflicto escalara a niveles sin precedentes. La situación se volvió aún más crítica cuando, el 21-22 de junio, Estados Unidos lanzó sus propios ataques militares contra instalaciones nucleares iraníes. El presidente Trump afirmó que el objetivo era «destruir o degradar severamente el programa nuclear de Irán».

Las estimaciones iniciales de los daños fueron variadas. Mientras que Trump afirmaba que los sitios iraníes fueron «arrasados», los informes de inteligencia sugerían que el impacto podría medirse en meses en lugar de años. Además, el líder supremo iraní, Jameneí, anunció que Irán continuaría con su programa nuclear a pesar de los ataques. Irán comenzó de inmediato a acelerar la construcción de una nueva instalación subterránea en Kuh-e Kolang Gaz La, potencialmente aún más profunda y protegida que los sitios anteriores.

Un alto al fuego temporal anunciado por el presidente Trump el 23 de junio de 2025 brindó un respiro, pero la dinámica básica permaneció sin cambios. El programa nuclear de Irán había sido dañado pero no destruido, y la motivación de Irán para continuar solo se había intensificado. Estas profecías finales de Irán se cumplirán de manera tan literal y específica como las de Isaías y Daniel que ya han ocurrido.

La Biblia deja claro que Irán será una parte integral de un grupo de naciones que atacará a Israel en los últimos tiempos. Por primera vez desde que Ezequiel escribió su profecía hace más de dos mil quinientos años, se están comenzando a dar las condiciones necesarias para su cumplimiento.

La correlación entre los acontecimientos actuales en Irán y el Medio Oriente con la profecía de la Biblia es sorprendente.

LOS ACUERDOS DE ABRAHAM: UN REALINEAMIENTO PROFÉTICO

Uno de los desarrollos diplomáticos más significativos en la historia reciente del Medio Oriente ha sido la firma de los Acuerdos de Abraham a partir de septiembre de 2020. Por primera vez desde que Jordania hizo la paz con Israel en 1994, las naciones árabes (los Emiratos Árabes Unidos, Baréin, Marruecos y Sudán) normalizaron relaciones con Israel. Esto representó un cambio sísmico respecto a la postura que la Liga Árabe había mantenido durante décadas de que ningún Estado árabe reconocería a Israel hasta que se lograra la creación de un Estado palestino.

El momento es proféticamente significativo. Ezequiel 38:11 dice que en Israel «habitan confiados» cuando ocurre la gran invasión del norte. Los Acuerdos de Abraham han creado alianzas de seguridad sin precedentes entre Israel y los principales Estados árabes. Israel ahora coordina sistemas de defensa con los Emiratos Árabes Unidos (EAU) y Baréin, participa en maniobras navales conjuntas y ha establecido extensas relaciones comerciales por valor de miles de millones de dólares.

Aún más notable es cómo estos acuerdos han sobrevivido a los desafíos de los conflictos recientes. A pesar de los ataques de Hamás del 7 de octubre de 2023 y la posterior guerra en Gaza, ninguno de los signatarios de los Acuerdos de Abraham rompió relaciones diplomáticas con Israel. Aunque la cooperación pública se enfrió durante el apogeo del conflicto, las relaciones de gobierno a gobierno se mantuvieron intactas.

Los Acuerdos de Abraham también han creado lo que el primer ministro israelí Netanyahu ha denominado una «Alianza de Abraham» contra Irán. Jordania, Arabia Saudita y EAU coordinaron con las fuerzas israelíes y estadounidenses para interceptar los proyectiles iraníes durante los ataques con misiles de Irán a Israel en 2024. Esta cooperación contra una amenaza iraní común representa exactamente el tipo de realineamiento regional que prepara el escenario para la profecía de Ezequiel.

A partir de 2025, la administración de Trump está trabajando sin parar para expandir los Acuerdos de Abraham e incluir a Arabia Saudita, Siria y Líbano. Cada nuevo signatario aísla aún más a Irán y fortalece la alianza que Irán considera una amenaza existencial, lo que potencialmente empuja a Teherán hacia la misma coalición y acciones que Ezequiel predijo hace dos mil seiscientos años. De hecho, es posible que la línea de tiempo profética esté acelerándose.

EL DETONANTE

Mientras el programa nuclear de Irán se desarrollaba en secreto, el Medio Oriente se vio sacudido por los acontecimientos que comenzaron en la madrugada del 7 de octubre de 2023. Hamás lanzó un ataque coordinado y sin precedentes contra Israel, el más grande en territorio israelí desde la guerra árabe-israelí de 1948. Más de mil doscientos israelíes fueron asesinados y otros doscientos cincuenta y uno fueron tomados como rehenes en Gaza.

La magnitud y brutalidad del ataque sorprendieron a la región. Los militantes de Hamás utilizaron cohetes, parapentes e infiltración terrestre para romper las supuestamente inexpugnables defensas fronterizas de Israel. Las imágenes de la masacre, muchas grabadas por los propios atacantes, impulsaron a la opinión pública israelí a exigir una respuesta que eclipsaría cualquier acción militar previa en Gaza.

Lo que siguió fue la guerra más larga de la historia de Israel. El conflicto en Gaza ha provocado más de 67.000 bajas palestinas, según las autoridades de salud de Gaza, el desplazamiento de casi toda la población de Gaza y la destrucción de aproximadamente el 78 % de las estructuras de Gaza. Un cese al fuego finalmente entró en vigor el 10 de octubre de 2025, que incluyó intercambios de rehenes y la retirada parcial de Israel de las ciudades de Gaza.

Desde una perspectiva profética, el 7 de octubre aceleró todas las señales que apuntan hacia Ezequiel 38. Los ataques fortalecieron los Acuerdos de Abraham en lugar de destruirlos. A pesar de las tensiones iniciales, los EAU, Baréin y Marruecos mantuvieron relaciones diplomáticas con Israel durante el conflicto. Esto demostró que los nuevos alineamientos en el Medio Oriente son más duraderos que la solidaridad árabe tradicional con las causas palestinas.

Además, el conflicto ha llevado tanto a Israel como a Irán

hacia posiciones que se alinean perfectamente con la profecía de Ezequiel. Israel, a pesar de la guerra en curso, continúa manteniendo la seguridad a través de su superioridad militar y su sistema de alianzas. Irán, ante la creciente presión y las pérdidas de sus aliados, se vuelve cada vez más desesperado y más propenso a unirse a la coalición que, según Ezequiel, atacará desde el norte.

CAPÍTULO 5

EL DESPLIEGUE DE LAS NACIONES

En Ezequiel 38, se dice que la tierra de Israel será atacada por los ejércitos de las naciones impías [...]. Por primera vez, todo está en su lugar [...]. No puede faltar mucho tiempo. Ezequiel dice que fuego y azufre lloverán sobre los enemigos del pueblo de Dios. Eso solo puede significar que serán destruidos por armas nucleares.

—*Presidente Ronald Reagan,* 1971

Los teólogos [...] que estudian las antiguas profecías [...] han dicho que nunca, en el tiempo transcurrido entre las profecías hasta ahora, ha habido un momento en el que tantas de ellas se estén cumpliendo a la vez. Ha habido momentos en el pasado en que la gente pensaba que el fin del mundo se acercaba, y cosas por el estilo, pero nunca algo como esto.

—*Presidente Ronald Reagan,* 1983

DOS DÍAS ANTES DE MORIR EN LA CRUZ, Jesús pronunció uno de Sus más grandes sermones desde el monte de los Olivos, al este de Jerusalén, con vista al monte del templo. En ese sermón, Jesús describió las señales que presagiarán Su regreso a la tierra para liberar a Jerusalén y juzgar al mundo.

En Su discurso, Jesús pronunció estas palabras solemnes, que se han repetido innumerables veces a lo largo de los siglos: «Ustedes van a oír de guerras y rumores de guerras. ¡Cuidado! No se alarmen, porque es necesario que todo esto suceda; pero todavía no es el fin. Porque se levantará nación contra nación, y reino contra reino [...]» (Mateo 24:6-7). Según Jesús, los últimos tiempos estarán marcados por conflictos militares. Estarán llenos de disputas y peleas. La paz será quitada de la tierra y reemplazada por derramamiento de sangre (1 Tesalonicenses 5:1-3; Apocalipsis 6:1-2).

Aunque los últimos tiempos en general estarán marcados por guerras y rumores de guerras, dos grandes conflictos se destacarán entre los demás. El primero es descrito por el profeta hebreo Ezequiel en los capítulos 38-39 del libro que lleva su nombre. (Ver el apéndice, «El gran enfrentamiento», para leer estos dos capítulos y obtener el contexto completo de la profecía de Ezequiel). Estos capítulos describen un ataque sorpresa ruso-islámico contra Israel que amenazará su existencia. En el próximo capítulo, analizaremos los detalles de esta invasión con mayor profundidad.

La segunda gran guerra de los últimos tiempos es la Batalla de Armagedón, descrita en el libro de Apocalipsis:

> El sexto ángel derramó su copa sobre el gran río Éufrates; y sus aguas se secaron para que fuera preparado el

> camino para los reyes del oriente. Y vi salir [...] a tres espíritus inmundos [...] los cuales van a los reyes de todo el mundo, a reunirlos para la batalla del gran día del Dios Todopoderoso. «¡Estén alerta! Vengo como ladrón. Bienaventurado el que vela y guarda sus ropas, no sea que ande desnudo y vean su vergüenza». Entonces los reunieron en el lugar que en hebreo se llama Armagedón (16:12-16; cp. 14:19-20; 19:11-21).

Algunos académicos y comentaristas bíblicos sostienen que Ezequiel 38 y Apocalipsis 16 describen la misma guerra. Sin embargo, una lectura cuidadosa de los dos pasajes revela que describen dos conflictos diferentes separados por un lapso de tiempo.

La guerra de Gog y Magog, en Ezequiel 38, ocurrirá primero y en ella participarán un número limitado de naciones específicamente nombradas (vv. 1-6). En la batalla de Armagedón participarán todas las naciones de la tierra, culminará con la Segunda Venida de Cristo a la tierra y pondrá fin al tiempo de Gran Tribulación.

Aunque la batalla de Armagedón aún debe estar a años de distancia, creo que la guerra de Gog y Magog podría estar a la vuelta de la esquina. Los sucesos dramáticos de 2023-2025 han acelerado la línea de tiempo profética: los ataques de Israel a las instalaciones nucleares de Irán, la caída del régimen de Asad en Siria, el deterioro de Hezbolá y la desesperación resultante de Irán han creado una alineación de circunstancias sin precedentes. El enfrentamiento actual con Irán presagia de manera notable esta guerra que se avecina. Lo que vemos suceder hoy es la preparación perfecta.

Los países específicos y las circunstancias están convergiendo a una velocidad acelerada para ocupar sus lugares profetizados, tal como deberíamos esperar si esta guerra se avecina.

En la popular película *El Señor de los Anillos: El Retorno del rey*, el mago Gandalf contempla lo que se avecina y dice: «El tablero está dispuesto, y ya las piezas están en movimiento [...]. Por fin ha llegado el momento [...], la gran batalla de nuestro tiempo».[1] De manera similar, cuando observamos nuestro mundo, vemos que «las piezas están en movimiento». Las naciones profetizadas se están alineando ante nuestros ojos. «La gran batalla de nuestro tiempo» podría estar acercándose rápidamente.

IRÁN SE LEVANTA

Según la profecía de Ezequiel, Irán será parte de una colosal fuerza de ataque de los últimos tiempos que avanzará contra Israel. De eso no hay duda. Persia, o el actual Irán (el nombre fue cambiado en 1935), aparece en Ezequiel 38:5 como una de las naciones que participará en esta invasión de los últimos tiempos a Israel. Eso significa que el auge de Irán en los últimos cuarenta años como el principal patrocinador del terrorismo en el mundo y el enemigo público número uno de Israel no es un accidente.

Para Israel, una cosa es segura: Irán vendrá. No perderá la oportunidad de intentar borrar a Israel del mapa de una vez por todas. Como escribieron los autores Charles Dyer y Mark Tobey:

El odio de Irán hacia Israel es una cuestión de convicción religiosa. Han invertido miles de millones de dólares en organizaciones terroristas y en armas de destrucción cada vez más mortales, gran parte de ello destinado a ser utilizado contra Israel. Irán también conoce sus limitaciones y las fortalezas de Israel, y eso le ha impedido presionar demasiado a Israel. Pero si alguna vez se le diera a Irán la oportunidad de ser parte de una coalición masiva que se movilizara contra Israel, sus líderes aprovecharían la oportunidad.

Ezequiel predijo que eso es exactamente lo que harán, cuando llegue el momento oportuno.[2]

Pero Irán no vendrá solo. Todo lo contrario. Según Ezequiel 38, una coalición de naciones se unirá a la desafortunada invasión de Israel por parte de Irán.

> Y vino a mí la palabra del Señor: «Hijo de hombre, pon tu rostro hacia Gog, de la tierra de Magog, príncipe supremo de Mesec y Tubal, y profetiza contra él, y di: "Así dice el Señor Dios: 'Yo estoy contra ti, oh Gog, príncipe supremo de Mesec y Tubal. Te haré dar vuelta, pondré garfios en tus quijadas y te sacaré con todo tu ejército, caballos y jinetes, todos ellos bien equipados; una gran compañía con broquel y escudo, todos ellos empuñando espada; Persia, Etiopía y Fut con ellos, todos con escudo y casco; Gomer con todas sus tropas, Bet Togarmá, de las partes remotas del norte, con todas sus tropas; muchos pueblos están contigo'"». (vv. 1-6)

La coalición presentada en estos versículos ya está vagamente establecida y ganando impulso. Examinemos brevemente las diversas naciones que formarán parte de esta fuerza de ataque junto con Irán.

EL HOMBRE LLAMADO GOG

El primer nombre propio en la lista de enemigos de Ezequiel es «Gog», una palabra que se encuentra once veces en Ezequiel 38-39. Las únicas otras referencias a Gog aparecen en 1 Crónicas 5:4, que no tiene conexión con el Gog de Ezequiel 38, y en Apocalipsis 20:8. *Gog* puede significar «altura» o «montaña», o alternativamente puede estar relacionado con una palabra que significa «oscuridad». Cualquiera sea el significado preciso, este nombre apunta a una figura oscura y amenazante. Gog será un enemigo de Dios e Israel.

El contexto de Ezequiel revela que Gog es un individuo, no una nación, porque Dios se dirige a él de forma personal (38:14; 39:1) y porque se lo llama príncipe (38:2; 39:1). Gog será el comandante de la coalición anti-Israel. Además, se lo identifica como el líder de los últimos tiempos de *Ros*, que creo que se refiere a Rusia (hablaré sobre eso más adelante).

Muchos creen que Gog es otro título para el Anticristo final. Creo que Gog y el Anticristo son dos líderes diferentes de los últimos tiempos de dos coaliciones de naciones distintas. Las Escrituras presentan al Anticristo como el líder de una confederación occidental de naciones a veces llamada el Imperio romano reunificado o revivido, mientras que, según Ezequiel 38, Gog presidirá un bloque de naciones ruso-islámico. Estos hombres gobernarán sobre esferas rivales y opuestas que lucharán por ganar influencia en los últimos tiempos.

No creo que debamos intentar identificar a ningún líder moderno como Gog ni dedicar tiempo a tratar de descubrir la identidad del Anticristo. Hasta que no comiencen los últimos tiempos, intentar ponerle un nombre al Anticristo es imprudente e inútil. En la misma línea, no hay manera de saber con certeza si el líder actual de Rusia es Gog. No obstante, me parecen acertadas las palabras del exitoso autor Joel Rosenberg sobre Vladimir Putin.

> Putin es un aspirante a zar ambicioso de poder, codicioso y autoritario. Está decidido a expandir la riqueza, el poder y el control de Rusia sobre sus países vecinos. Se ha empeñado en construir alianzas estratégicas con líderes y estados islámicos radicales en el Medio Oriente. Por años, la gente me ha preguntado si Putin podría ser el dictador ruso referido como «Gog» en las profecías bíblicas de «Gog y Magog» en Ezequiel 38-39 [...]. Está es mi respuesta rápida: es demasiado pronto para llegar a esa conclusión. Hay mucho más que tendría que suceder para indicar que Putin es el «Gog» de la profecía de la Biblia. Sin embargo, no tengo ninguna duda de que Putin es *una especie de Gog*. Es peligroso, y tanto Israel como Occidente

> deberían vigilarlo de cerca y con cautela, especialmente debido a todo lo que Putin ha hecho para construir una alianza estratégica entre Rusia e Irán y los otros países mencionados en las profecías de «Gog y Magog».[3]

En este punto, es imposible decir que Vladimir Putin es Gog o decir de manera concluyente que no lo es. El tiempo lo dirá. Pero estoy de acuerdo en que, como mínimo, podemos decir con seguridad que Putin es una *especie de Gog*. Mínimo Putin sirve como un poderoso presagio de cómo será Gog cuando emerja en la escena mundial. Putin es un líder despiadado y astuto que está confabulando el Medio Oriente bajo su esfera de influencia.

En Rusia está cobrando fuerza, entre los seguidores de Putin y muchos otros, la idea de eliminar los límites de mandato y que Putin sea el líder permanente de Rusia, el zar. Quieren que la monarquía regrese a Rusia.[4] Con el reciente cambio en la constitución rusa, Putin ahora es elegible para mantener su control sobre la presidencia hasta 2036. Nadie cree que Putin se hará a un lado en el cumplimiento de esa fecha sino que va a buscar la manera de seguir a cargo. *The New York Times* lo llama «Putin el Inmortal». Si no es Vladimir Putin, entonces otro líder ruso como él cumplirá la profecía de Gog.

Entonces, lo primero que descubrimos sobre la creciente tormenta persa es que Irán se aliará con Rusia. Eso no es exagerado hoy en día, ya que Irán ha profundizado dramáticamente sus lazos con Rusia desde 2022. La invasión de Ucrania por parte de Rusia y las sanciones occidentales posteriores han empujado a ambas naciones a una asociación por necesidad. Irán ha suministrado a Rusia miles de drones para su uso contra Ucrania, mientras que Rusia ha proporcionado a Irán tecnología militar avanzada y cobertura diplomática. Irán ha llevado a cabo ejercicios navales con Rusia y China. Esta creciente alianza refleja perfectamente la coalición profética descrita en Ezequiel. Cuando Gog llame, Irán aprovechará la oportunidad para unirse a la alianza y atacar a Israel para eliminarlos de una vez por todas.

LA COALICIÓN REUNIDA

Según Ezequiel, Gog reunirá una coalición multinacional masiva. Pero al leer esta profecía, debemos reconocer que ninguno de los lugares mencionados en Ezequiel 38 se puede encontrar en un mapa moderno. La única excepción es la nación de Fut, que algunos traducen como Libia, conocida hoy en día por el mismo nombre. Como era de esperar, Ezequiel utilizó nombres de lugares antiguos que eran familiares para la gente de su época. Los nombres de estos lugares geográficos han cambiado muchas veces a lo largo de los milenios, y algunos podrían volver a cambiar. Sin embargo, el área física y geográfica sigue siendo la misma. Cualesquiera que sean los nombres que estas naciones tengan en el momento de esta invasión, serán estos territorios geográficos los que estarán involucrados y los que representan un elenco bastante diverso de personajes.

MAGOG

Magog es el primero de varios lugares antiguos en Ezequiel que se mencionan por primera vez en Génesis 10:2-4 en la tabla de las naciones. Un feroz y belicoso grupo de tribus nómadas conocido como los escitas habitaba la tierra de Magog.[5] Su tierra se extiende desde lo que hoy se conoce como Asia central hasta las estepas del sur de la Rusia moderna. El Magog moderno incluye muchos satélites de la antigua Unión Soviética: Kazajistán, Kirguistán, Uzbekistán, Turkmenistán y Tayikistán. Putin se ha reunido con líderes de estas naciones para planificar y fortalecer los lazos económicos ante el aumento de sanciones que han asfixiado la economía rusa. Otros sostienen que Ucrania podría ser parte del antiguo Magog. Algunos creen que Rusia puede ser parte del antiguo Magog y que podría incorporar a Afganistán también. Con la excepción de Rusia, todas estas naciones profesan el islam. La religión es el nexo que los unirá.

ROS

Ros es una referencia a Rusia. Esta conexión no se basa en el hecho de que los dos nombres suenen parecidos. Ese es un argumento débil para equiparar un lugar antiguo con una nación moderna. Existen pruebas lingüísticas e históricas convincentes para establecer esta conexión.[6] Hace más de dos milenios y medio, el profeta Ezequiel predijo que en los últimos tiempos un pueblo invadiría Israel «de las partes remotas del norte» (Ezequiel 38:6, 15; 39:2). Trazar una línea hacia arriba o al norte desde Israel en cualquier mapa lleva directamente a Rusia. El oso ruso será el gran némesis de Israel en los últimos tiempos.

Desde la Segunda Guerra Mundial, el poderoso oso ruso se ha convertido en una potencia mundial. Cuando la Unión Soviética se desintegró a principios de la década de 1990, muchos creyeron que el oso ruso se retiraba a una hibernación permanente. Por supuesto, Rusia perdió territorio e influencia y fue temporalmente debilitada y humillada. Pero bajo el liderazgo de Vladimir Putin, el oso ruso, que ha regresado rugiendo, es mucho más peligroso que nunca. Rusia tiene más ojivas nucleares hoy en día que cualquier nación en la tierra. Putin quiere llevar a Rusia de vuelta a sus antiguos días de gloria. En un discurso en el Kremlin, Putin se refirió al colapso de la Unión Soviética como «el mayor desastre geopolítico del siglo».[7] Implícito en esa declaración está que el mayor logro del siglo sería la restauración de la Unión Soviética. Putin anhela restaurar los días de gloria del Imperio soviético.

La preparación para la invasión de Gog parece estar desarrollándose ante nuestros ojos. Por primera vez en la historia, Rusia e Irán son aliados, trabajando juntos para ejercer influencia sobre el Medio Oriente. Ezequiel 38 nunca podría haberse cumplido hasta hace unos pocos años. Los titulares diarios tienen una notable correspondencia con la profecía de Ezequiel, escrita más de quinientos años antes del nacimiento de Cristo. Esto constituye un sólido argumento a favor de la inspiración de la Biblia. Solo Dios puede predecir el futuro con total precisión.

En cualquier momento, Israel podría reanudar su guerra que terminó en junio de 2025. Tanto Irán como Israel creen que tienen asuntos pendientes, con Irán albergando un deseo insaciable de venganza. Israel, con la ayuda de Estados Unidos, podría iniciar otro conflicto con Irán si hay alguna noción de que Irán ha reiniciado su programa nuclear. Quiere asegurarse de que el programa nuclear de Irán sea inoperante o inexistente. Pero el primer misil en una guerra reanudada podría ser lanzado por Irán. Los mulás iraníes quieren eliminar para siempre el «cáncer sionista». Cuando inevitablemente estalle la guerra de nuevo, sin importar quién dispare el primer tiro, Irán buscará venganza a toda costa. La venganza será palpable. El próximo conflicto podría funcionar como el encendido de la mecha que precipita la reunión de la alianza de Ezequiel 38.

Ezequiel 38 describe a Rusia como reacia a liderar la invasión de Israel en los últimos tiempos. El profeta se refiere a los «garfios» en las «quijadas» que Dios usará para atraer a Rusia a esta incursión (v. 4). La presión de Irán para castigar a Israel por un ataque podría ser la fuerza necesaria para involucrar a Rusia. Rusia tiene un interés vital en Irán. Su conexión cada vez más profunda con Irán podría acabar obligándola a dar un paso al frente, llevándola a liderar la invasión de Israel.

MESEC Y TUBAL

Mesec y Tubal suelen aparecer juntos en las Escrituras. Se mencionan dos veces más en Ezequiel (27:13; 32:26).

Mesec y Tubal son los antiguos Moschoi y Tibarenoi en los escritos griegos. Son los Tabal y Musku en inscripciones asirias. Estas antiguas naciones están ubicadas en lo que hoy es Turquía.

ETIOPÍA (CUS)

La palabra hebrea *Cus* en Ezequiel 38:5 suele traducirse como «Etiopía» en las versiones modernas en español. En la antigüedad, Cus era conocido como *Kusu* por los asirios y babilonios, *Kos* o *Kas* por los egipcios, y *Nubia* por los griegos. Cus se situaba tradicionalmente al sur del antiguo Egipto, en lo que hoy es Sudán.

La actividad de Rusia en Sudán es más profunda que nunca. Sudán también mantiene una sólida asociación con Turquía. La nación islámica ahora está libre de cualquier influencia del sur cristiano y tiene la libertad de actuar por su cuenta. Sudán es un ferviente bastión islámico que apoyó a Irak en la Guerra del Golfo y albergó a Osama bin Laden durante cinco años en la década de 1990. Está listo para ocupar su lugar en la próxima alianza de Gog contra Israel, tal como predijo Ezequiel. Sudán ha ofrecido recientemente a Rusia su primera y codiciada base naval en África por veinticinco años a cambio de armas.

LIBIA (FUT)

La palabra hebrea Fut se encuentra en Ezequiel 38:5. La Septuaginta, que fue la traducción griega del Antiguo Testamento, traduce la palabra como Libues. Por esta razón, varias traducciones modernas, incluyendo la Nueva Traducción Viviente y la Reina Valera Actualizada 2015, ponen la palabra *Libia* en este versículo. Las fuentes antiguas ubican a Fut en el norte de África, al oeste de Egipto. La nación inmediatamente al oeste de Egipto es Libia, pero Fut podría incluir naciones aún más al oeste, como Argelia y Túnez.

La Libia moderna fue gobernada por el coronel Muamar el Gadafi desde 1969 hasta el estallido de la revolución en 2011 durante la Primavera Árabe, cuando fue asesinado violentamente. Después de los acontecimientos, Libia descendió al caos de la guerra civil en 2014, que finalmente terminó con un cese al fuego en 2020. Sin embargo, las facciones rivales siguen luchando por el poder en un sangriento conflicto civil.

Turquía ha apoyado a un lado en el conflicto en curso y está profundizando los lazos bilaterales con Libia. A medida que la presencia de Rusia en Siria ha disminuido tras la caída de la dinastía de Bashar al Asad, su influencia en Libia ha aumentado de forma radical. Rusia se apresura a trasladar recursos a Libia. La Fundación Heritage ha dado la voz de alarma sobre la expansión del poder de Rusia en Libia.[8] Moscú ha ido adquiriendo un papel cada vez mayor en la guerra de Libia. Estas relaciones cada vez más profundas con Turquía y Rusia serán fundamentales para atraer a Libia a la coalición de Gog con el fin de invadir Israel cuando llegue el momento.

GOMER

Aunque algunos maestros de profecía erróneamente equiparan a Gomer con la Alemania moderna, Gomer representa a los antiguos cimerios, o Kimmerioi. Según fuentes antiguas, Gomer está asociado con el acadio Gi-mir-ra-a y el armenio Gamir. Desde el siglo VIII a. C., los cimerios ocuparon territorio en Anatolia, que constituye la mayor parte de la Turquía moderna. El historiador judío Josefo afirmó que los gomeritas se equiparaban con los gálatas, que habitaban el centro de Turquía.[9]

BET TOGARMÁ

Bet Togarmá significa la «casa de Togarmá». Los antiguos asirios se referían a Togarmá como *Til-garamu*, mientras que los hititas usaban la palabra *Tegarma*. De cualquier manera, el territorio de Togarmá se encuentra en la actual Turquía, que está al norte de Israel.

Como se puede observar, cuatro de los nombres en Ezequiel 38:1-6 se refieren a Turquía: Mesec, Tubal, Gomer y Bet Togarmá. Turquía es aliada de Irán y una enemiga declarada de Israel. Bajo Recep Tayyip Erdogan, quien asumió la presidencia de Turquía en 2003, el país ha dado un giro radical hacia la dictadura y ha adoptado una postura firmemente anti-Israel. Su oposición a Israel es directa: «Quienes estén del lado de Israel, que todos sepan que estamos en contra de ellos».[10] Nunca pierde la oportunidad de criticar y condenar a Israel.

Erdogan defiende la causa de los palestinos, denuncia a Israel en cada oportunidad e incluso llama repetidamente a Hamás un «movimiento de resistencia». Apoyó el Plan de Paz para Gaza del Presidente Trump, pero parece que su apoyo fue cuidadosamente calculado para aumentar la influencia de Turquía en la región y avanzar en su objetivo de un nuevo

Imperio otomano. Erdogan «espera que el acuerdo pueda allanar el camino para una mayor influencia turca en Gaza y en la región».[11]

Dado que Irán y Rusia han perdido en gran medida su influencia en Siria debido a los crecientes problemas en sus propios países, Turquía ha aprovechado la ocasión para expandir su influencia en Siria, que está situada justo en la frontera norte de Israel.

La prominencia de Turquía en Ezequiel 38 también señala un giro interesante. El Corán contiene su propia versión de la batalla de Gog y Magog, a la que llama la guerra de Yajuj y Majuj (18:96; 21:96) y que involucra a Turquía. La versión coránica fue escrita unos mil años después de que Ezequiel profetizara y enseña que Gog y Magog eran dos bandas de turcos que propagaron la corrupción por la tierra durante el tiempo de Abraham. Finalmente fueron encarcelados detrás de una gran barrera para restringir su actividad. A lo largo de los siglos, intentaron escapar, pero sin éxito. Cuando Alá emita su decreto en los últimos tiempos, la barrera colapsará, y Gog y Magog se precipitarán en todas direcciones, invadiendo la tierra de Israel para atacar a los musulmanes que viven allí. Alá los exterminará en respuesta a las oraciones de Jesús, utilizando una enfermedad o plaga terrible y mortal. Este lenguaje fue claramente tomado de Ezequiel 38:22 y adaptado para encajar en una narrativa y resultado totalmente diferentes.

LA COALICIÓN DE LOS ÚLTIMOS TIEMPOS CONTRA ISRAEL

Las naciones en esta lista son todas enemigas o al menos no mantienen relaciones amistosas con Israel. Todas tienen el deseo, de una forma u otra, de deshacerse de Israel. En diversos grados, están formando o fortaleciendo sus lazos entre sí. Todas aparecen con frecuencia en las noticias, algunas casi todos los días. No es difícil imaginar a estas naciones aliándose para invadir Israel en un futuro cercano, sobre todo si el conflicto continuo de Israel con Irán estalla.

Ros (antiguo Rashu, Rasapu, Rosh y Rus)	Rusia
Magog (antiguos escitas)	Asia Central
Mesec (antiguos Muschki y Musku)	Turquía
Tubal (antiguo Tubalu)	Turquía
Persia	Irán
Etiopía (Cus)	Sudán
Fut	Libia
Gómer (antiguos cimerios)	Turquía
Bet Togarmá (antiguo Til-garimmu o Tegarma)	Turquía

La lista de Ezequiel de las naciones en esta invasión de los últimos tiempos termina con estas palabras: «muchos pueblos están contigo» (Ezequiel 38:6). Esta frase de carácter general podría indicar que más naciones, no específicamente mencionadas, se unirán a la guerra contra Israel. Ezequiel enumera a los enemigos lejanos de Israel en todas las direcciones. Al norte está Rusia; al este, Irán; al sur, Sudán; y al oeste, Libia. Al enumerar estos enemigos lejanos, Ezequiel podría estar incluyendo también el anillo interno de naciones alrededor de Israel, naciones o territorios como Siria, Jordania, Egipto, Líbano, Irak y Gaza. También podría incluir naciones más distantes. En su guerra con Ucrania, Rusia ha desplegado miles de tropas extranjeras de Nepal, Corea del Norte e incluso un gran contingente de Cuba.

Cualquiera que sea la medida que se emplee, los ingredientes para la coalición de Gog parecen estar uniéndose. Todo lo que se necesita para finalizar el proceso es un catalizador. El enfrentamiento entre Irán e Israel podría fácilmente ser el detonante que ponga en marcha los movimientos finales.

LA OPOSICIÓN

Todo lo que vemos hoy sugiere que Irán y las otras naciones en Ezequiel 38 están en rumbo de colisión con Israel y se unirían con gusto a la alianza de Gog cuando esta se forme.

Sin embargo, el Medio Oriente es un lugar complicado. Irán tiene muchos enemigos, incluso entre los musulmanes, que le temen y harían cualquier cosa para neutralizar su poder e influencia. En el clima actual, cabría esperar que muchas naciones evitaran cualquier guerra entre Irán e Israel e incluso apoyaran una derrota iraní.

Ezequiel 38 corresponde a lo que vemos hoy, tanto en las naciones que forman parte de la coalición contra Israel como en aquellas que se oponen. La especificidad de esta profecía es asombrosa. Ezequiel presenta las naciones en la coalición de Gog que se unirán a Rusia e Irán contra Israel y también describe las naciones que se opondrán a la invasión, aunque débilmente. Aunque parezca sorprendente, esta asamblea de naciones que se mantiene al margen y presenta su protesta está tan bien alineada como los agresores.

> Así dice el Señor Dios: «Sucederá en aquel día que pensamientos vendrán a tu mente y concebirás un plan malvado, y dirás: "Subiré contra una tierra indefensa. Iré contra los que viven tranquilos, que habitan confiados, que habitan todos ellos sin murallas, sin cerrojos ni puertas; para tomar botín y para proceder al saqueo, para volver tu mano contra los lugares desolados, *ahora* poblados, y contra el pueblo reunido de entre las naciones, que ha adquirido ganado y posesiones, que habita en medio de la tierra". Sabá y Dedán, y los mercaderes de Tarsis con todos sus pueblos te dirán: "¿Has venido para tomar botín? ¿Has reunido tu compañía para saquear, para llevar plata y oro, para llevar ganado y posesiones, para tomar gran botín?"». (Ezequiel 38:10-13)

¿Quiénes son las naciones que presentan su protesta contra la invasión iraní de Israel?

SABÁ Y DEDÁN

Las primeras naciones que protestan se identifican como «Sabá y Dedán, y los mercaderes de Tarsis con todos sus pueblos». Sabá y Dedán son fáciles de localizar. Son las naciones que hoy conocemos como Arabia Saudita y los Estados del Golfo más moderados, como Catar y los Emiratos Árabes Unidos. Los EAU y Baréin han firmado los Acuerdos de Abraham que normalizaron las relaciones con Israel. Estas naciones musulmanas se oponen vehementemente a Irán y a su programa nuclear. Baréin rompió relaciones con Irán en 2016.

Lo que vemos hoy se alinea perfectamente con la profecía de Ezequiel. No se necesita una gran imaginación para imaginar a estas naciones oponiéndose a las acciones de Irán, pero permaneciendo al margen, arrodillándose y ofreciendo no más que disidencia verbal cuando estalle la invasión de Gog.

LOS MERCADERES DE TARSIS

La referencia a «los mercaderes de Tarsis con todos sus pueblos» (Ezequiel 38:13) plantea un desafío mayor de identificar. Incluso las traducciones al español difieren un poco.

Nueva Versión Internacional (NVI)	«los comerciantes de Tarsis y todos sus potentados»
Biblia Reina Valera 1960 (RVR1960)	«los mercaderes de Tarsis, y todos sus príncipes»
Traducción Lenguaje Actual (TLA)	«los comerciantes y gente rica de Tarsis»
Nueva Biblia de las Américas (NBLA)	«los mercaderes de Tarsis con todos sus pueblos»

Se identificaron tres ubicaciones antiguas como «Tarsis».[12] La opinión más aceptada es que Tarsis era una colonia fenicia próspera y rica situada en la España moderna. Este puesto avanzado era famoso por exportar plata, hierro, estaño y plomo (Jeremías 10:9; Ezequiel 27:12, 25).

Las palabras «y todos sus potentados» (NVI) o «sus príncipes» (RVR1960) parecen referirse a gobernantes poderosos y enérgicos que se unirán con Tarsis para oponerse verbalmente a la invasión de Gog. Estos líderes evidentemente caminarán al unísono con Tarsis. Tarsis a menudo se asocia en las Escrituras con el lejano Oeste. Cuando el profeta Jonás quiso alejarse lo más posible de Nínive, se dirigió a Tarsis (Jonás 1:1-3). Dado que Tarsis, ubicada en España, era el lugar más occidental conocido en esa época, creo que «Tarsis y todos sus potentados» es una referencia a las potencias occidentales o al mundo occidental en los últimos tiempos que se unirán a los Estados árabes moderados para denunciar la invasión de Israel.[13]

La mención de las potencias occidentales plantea la posibilidad de que Estados Unidos esté incluido en este grupo de naciones que protestan. Aunque no hay forma de establecer esta conexión con certeza, sigue siendo una posibilidad realista. No obstante, incluso si esto es una referencia velada a Estados Unidos, no ofrece casi ninguna información útil sobre las actividades de este país, solo una débil protesta contra la invasión ruso-islámica de Israel. Entonces, de cualquier forma, no es realmente significativo. Hablaremos más sobre las posibles identificaciones bíblicas de Estados Unidos en el capítulo 8.

EL CRUCE SE INTENSIFICA

Como se puede observar, el escenario presentado en Ezequiel 38 refleja la situación política mundial de la actualidad. La actual alianza entre Rusia e Irán se ha profundizado significativamente en medio del aislamiento de ambas naciones por parte de Occidente. La invasión de Ucrania por parte de Rusia en 2022 y las posteriores sanciones internacionales han acercado a Moscú a Teherán, lo que ha creado una asociación de necesidad que refleja la alianza profética descrita en Ezequiel. Irán ha suministrado drones y equipo militar a Rusia para su uso en Ucrania, mientras que Rusia ha proporcionado a Irán tecnología militar avanzada y cobertura diplomática.[14]

Rusia continúa expandiendo su presencia en el Medio Oriente, forjando y fortaleciendo asociaciones con Irán, Turquía y otras naciones. La posición de Turquía en este escenario profético se ha vuelto cada vez más compleja. Aunque Turquía mantiene su membresía en la OTAN, el presidente Erdogan ha forjado lazos más estrechos con Rusia e Irán, especialmente en lo que respecta a proyectos energéticos regionales y la oposición a las políticas israelíes. Esta relación triangular entre Turquía, Rusia e Irán crea la configuración exacta anticipada en la profecía de Ezequiel.[15]

Las naciones islámicas que corresponden al antiguo Magog (Asia Central) están desarrollando y profundizando lazos con Irán, Rusia y Turquía. El odio hacia Israel en Irán y otras naciones musulmanas de la región sigue en ebullición. Es fácil imaginar la alianza que describe Ezequiel invadiendo

Israel en un intento total de borrarlo de la faz de la tierra. Asimismo, en el clima actual, no es demasiado difícil imaginar a los Estados del Golfo moderados y a las democracias occidentales levantando fuertes protestas y objeciones ante la invasión, pero optando por mantenerse al margen y observar cómo se desarrolla todo el asunto.

La profecía de Ezequiel parece sacada de los titulares de hoy. Los dramáticos acontecimientos de 2023-2025 han acelerado la línea de tiempo profética: los ataques preventivos de Israel a las instalaciones nucleares de Irán, el deterioro de las capacidades de Hezbolá, la caída del régimen de Asad en Siria y la consecuente desesperación de Irán han creado una alineación de circunstancias sin precedentes. Aunque Irán ha sufrido reveses significativos, estas mismas derrotas pueden llevar al régimen hacia la alianza desesperada y la invasión descrita en Ezequiel 38-39.[16]

No hay que olvidar que las recientes humillaciones militares de Irán no han eliminado la amenaza, sino que pueden haberla intensificado. Un Irán acorralado y debilitado, habiendo perdido aliados clave y enfrentando presión interna, podría estar más dispuesto a arriesgarlo todo en una última jugada. Los instintos de supervivencia del régimen, combinados con sus creencias escatológicas sobre acelerar el regreso del duodécimo imán a través del caos y la guerra, crean una dinámica peligrosa que se alinea perfectamente con la descripción de Ezequiel sobre un intento desesperado de invasión.[17]

No podemos estar seguros de cuál será el detonante, pero la tormenta que se avecina con Irán se posiciona cada vez más como candidata. Aprecio la advertencia de Joel Rosenberg a la luz de Ezequiel 38-39:

> ¿Qué debemos hacer entonces con todo esto? Es como si el Señor hubiera permitido que las circunstancias mundiales se conformaran de distintas formas, dándonos múltiples posibilidades para cumplir la profecía de Ezequiel. ¿Está Gog emergiendo frente a nosotros? Quizá lo sepamos muy pronto. Sin embargo, una cosa está clara: el Señor quiere que todos permanezcamos alertas y de rodillas.[18]

¡Amén!

CAPÍTULO 6

LA TORMENTA QUE SE AVECINA: LA GUERRA DE GOG Y MAGOG

> Esta guerra será diferente a cualquier otra que hayamos visto hasta ahora en la historia.
>
> —*Dr. Walter C. Kaiser Jr.*,
> *Preaching and Teaching the Last Things*
> [Predicando y enseñando sobre los últimos tiempos]

EN 2019, MI ESPOSA Y YO hicimos un viaje con otra pareja, amigos nuestros. Tuvimos el privilegio de visitar Normandía, Francia, el 5 de junio, el día antes del septuagésimo quinto aniversario del desembarco de Normandía, conocido también como el histórico Día D. Contratamos una camioneta y un conductor para el día y llegamos desde París. Toda la región estaba llena de personas vestidas con uniformes de la Segunda Guerra Mundial, que buscaban recrear escenas de ese tiempo. Había tanques, camionetas, vehículos todoterreno y cañones en exhibición por todas partes. Aviones de la era de la Segunda Guerra Mundial pasaban sobre nosotros. Hicimos varias paradas en la zona, pero el sitio más importante y con más movimiento fue la playa de Omaha. El cementerio y monumento estadounidense de Normandía se encuentra en un hermoso acantilado con vistas a la playa de Omaha. Casi diez mil cruces acaparan el paisaje.

El aspecto más especial del viaje fue ver a los veteranos ya ancianos que habían participado en la invasión regresar para un último acto de conmemoración. Nunca olvidaré haberlos conocido y haber escuchado sus relatos sobrecogedores. Eran aplaudidos dondequiera que iban y recibían el reconocimiento que tanto merecían. Mientras esperábamos en el aeropuerto nuestro vuelo de regreso desde París, mi esposa y yo nos sentamos junto a dos venerables caballeros que habían desembarcado en las playas para liberar un continente. En nuestro vuelo de regreso, otro superviviente de la invasión de Normandía se sentó frente a nosotros. Pasar tiempo con estos héroes fue mejor que cualquier lección de historia que uno pudiera imaginar.

La invasión de junio de 1944 fue conocida oficialmente como operación Overlord, pero su nombre popular es Día D. Según CNN, «la "D" significa "día". Día D es un código para el día en que está programado el inicio de un importante ataque militar».[1]

Después de una vasta planificación y numerosas estrategias, el general Dwight Eisenhower finalmente programó el Día D para el 6 de junio de 1944. Como hemos visto, Dios tiene un «Día D», una fecha especial programada en Su calendario profético, un día que solo Él sabe, cuando comenzará un importante ataque militar que finalmente traerá una gran victoria y triunfo para Dios y Su pueblo. Este «Día D» del fin de los tiempos es la batalla de Gog y Magog. Los protagonistas ya se están poniendo en su lugar para su comienzo. El principal de ellos es Irán.

Pero, ¿qué sucederá en este «Día D» cuando Irán y sus aliados lancen su invasión total de Israel? ¿Cómo culminará el enfrentamiento con Irán? ¿Hacia dónde llevará todo esto? Ezequiel describe gráficamente lo que sucede antes, durante y después de la batalla.

ANTES DE LA BATALLA SE DEFINE EL OBJETIVO

Si bien muchos de los detalles del enfrentamiento final con Irán están envueltos en misterio, lo único que podemos saber con certeza es que esta invasión ocurrirá. Ya está programada en el calendario profético de Dios. Si bien hay mucho que no podemos saber, sí sabemos qué naciones se unirán a esta invasión. Como ya vimos, Ezequiel los identifica específicamente.

Ezequiel también proporciona algunas de las razones y motivaciones de este ataque. Él establece claramente su objetivo de atacar a Israel. Se pueden discernir varias razones para esta invasión a partir del texto y los pasajes relacionados.

PARA CAPTURAR LA RIQUEZA DE ISRAEL

La naturaleza exacta de la riqueza en Ezequiel 38:11-12 nunca se establece explícitamente; sin embargo, los descubrimientos recientes de vastas reservas de petróleo y gas en Israel podrían ser una posible respuesta. Se han descubierto varios yacimientos gigantescos de gas natural y de petróleo de esquisto en varios lugares.

PARA LIDERAR EL MEDIO ORIENTE

Deshacerse de Israel le daría a Irán y a las otras naciones islámicas su mayor victoria y premio, y prepararía el camino para restablecer su antiguo imperio.

PARA CONQUISTAR A ISRAEL

Todas las naciones musulmanas codician la realidad de arrojar a Israel al mar. Ezequiel dice que estos invasores vendrán «como una tempestad» y «como una nube que cubre la tierra» (38:9). Esto suena como un deseo de abrumar e invadir a Israel, sin dejar nada atrás más que la ruina.

PARA ENFRENTAR AL ANTICRISTO

Suponiendo que esta invasión ocurra durante la primera mitad de la tribulación de siete años que se anticipa, como creo, Israel estará en medio de su tratado de paz con el Anticristo cuando ocurra este ataque. Este acuerdo de siete años se destaca en Daniel 9:27. Aquí se nos dice que el Anticristo, el líder de la confederación occidental en los últimos tiempos, negociará un acuerdo de paz con Israel que les dará soberanía sobre el Monte del Templo. Daniel 9:27 dice que «él» (el príncipe venidero en el versículo anterior) hará un pacto «firme» con los muchos en Israel. La palabra hebrea *gabar*, a menudo traducida como «firme» o «fuerte», puede referirse a un pacto inquebrantable, incluso obligado, lo que significa que el Anticristo puede obligar a las partes a la mesa de paz con un acuerdo donde la única opción sería aceptar. Pero también puede significar que el Anticristo fortalecerá o «hará fuerte» un pacto que ya existe. Esto tiene sentido si tomamos en cuenta los Acuerdos de Abraham y otros acuerdos de paz que están vigentes o prontos a concretarse. El Anticristo puede surgir en el escenario mundial al fortalecer un marco o plantilla de paz que ya está dado.

Con este acuerdo de paz entre el Anticristo e Israel, un ataque contra Israel representaría al mismo tiempo una confrontación directa contra el Anticristo. La invasión de Israel será un desafío abierto a Occidente y a su líder, el Anticristo, por parte de Rusia y sus aliados islámicos. Las profecías paralelas en Daniel 9:27 y 11:41-44 nos dicen que en el punto medio de la tribulación de siete años, el Anticristo romperá su pacto con Israel e invadirá la tierra él mismo. Obviamente, la aniquilación total de las fuerzas ruso-islámicas dejará un enorme vacío de poder. El Anticristo aprovechará esta oportunidad para llenar ese vacío y consolidar su poder. Esto conducirá al establecimiento de su religión, gobierno y economía mundial, que dominará el mundo durante los últimos tres años y medio de los últimos tiempos, justo antes del regreso de Cristo.

PARA CONTRARRESTAR LA RECONSTRUCCIÓN DEL TEMPLO JUDÍO

Durante la primera mitad de la tribulación de siete años, Israel reconstruirá su templo (Daniel 9:27; Mateo 24:15; 2 Tesalonicenses 2:4). Podría ser que Irán y estos aliados invadan Israel para proteger la Cúpula de la Roca y la mezquita de Al-Aqsa que se encuentra en el Monte del Templo. Toda el área de 14,5 hectáreas que los judíos llaman el Monte del Templo es conocida por los musulmanes como al-Haram ash-Sharif, o el Noble Santuario. Cualquier intento del pueblo judío de reconstruir su templo podría desencadenar este furioso ataque del mundo musulmán apoyado por Rusia.

DURANTE LA BATALLA: LA AVALANCHA

Después de que se completen los preparativos para la batalla, los ejércitos enemigos se abalanzarán sobre la desprevenida nación de Israel que vive en paz y prosperidad. Ezequiel describe la gran invasión en términos vívidos, diciendo que los ejércitos vendrán «como una tempestad» y «como una nube que cubre la tierra» (38:9). La batalla y su resultado se presentan con detalles devastadores.

Cuando estas naciones invadan la tierra de Israel, parecerá la batalla más desequilibrada de la historia. Las apuestas estarán abrumadoramente a favor de los invasores. El mundo mirará atónito y temeroso cuando parezca que Israel está a punto de ser aniquilado. Los ejércitos se reunirán y entrarán en la tierra como un enjambre invasor de langostas. Todo parecerá indicar que Israel está terminado. Pero justo cuando parezca que todo está perdido, Dios intervendrá dramáticamente en nombre de Israel. Él descenderá en Su furia para destruir a los que se creían conquistadores: «Sucederá en aquel día cuando venga Gog contra la tierra de Israel, declara el Señor Dios, que subirá Mi furor y Mi ira» (Ezequiel 38:18).

La batalla de Gog y Magog será el mayor cambio de la historia. La situación cambiará en un instante, pasará de la destrucción segura de Israel a su triunfo absoluto. Dios descenderá para liberar a Israel. El doctor Walter Kaiser Jr., citado al comienzo de este capítulo, dice: «Dios, por amor a Su nombre, rescatará a Israel de forma sensacional cuando todas las demás fuentes de ayuda fallen».[2]

Por supuesto, Dios podría tan solo decir una palabra y los ejércitos se derretirían ante Él, pero en esta batalla, empleará cuatro desastres para destruir a la horda invasora.

1. UN TERREMOTO DEVASTADOR (EZEQUIEL 38:19-20)

El terremoto será cataclísmico.

> «Y en Mi celo y en el fuego de Mi furor declaro que ciertamente en aquel día habrá un gran terremoto en la tierra de Israel. Los peces del mar, las aves del cielo, las bestias del campo y todos los animales que se arrastran sobre la tierra, y todos los hombres sobre la superficie de la tierra temblarán en Mi presencia; también se derrumbarán los montes, se desplomarán los precipicios y todo muro caerá por tierra».

2. PELEAS INTERNAS MORTALES ENTRE EL EJÉRCITO INVASOR (38:21)

En el caos que se deriva del terremoto, la fuerza invasora se verá sumida en la confusión y se volverá contra sí misma. Los soldados matarán a cualquiera que tengan enfrente. Cuando el polvo se asiente, este será el mayor incidente de muerte por «fuego amigo» en la historia militar.

3. ENFERMEDAD TERRIBLE (38:22)

Un brote de plagas incurables y letales matará a las personas al instante.

4. LLUVIA TORRENCIAL, PIEDRAS DE GRANIZO, FUEGO Y AZUFRE ARDIENTE (38:22)

La batalla de Gog y Magog no durará mucho. Cuando Dios intervenga, la destrucción será rápida y dejará clara la realidad. Montones de armas inservibles cubrirán la tierra. La mortandad cubrirá el país.

El doctor Walter Kaiser resume la catastrófica derrota de esta manera:

> Pero las cosas no terminarán bien para las naciones que impulsan su ataque contra Israel, porque, al final, lo que están llevando a cabo es un ataque contra Dios y su plan para el tiempo y la eternidad. Con un gran empujón, un eje de naciones de esa parte del mundo realizará una gran incursión en la tierra de Israel, pero eso ameritará la respuesta de Dios mismo. La matanza, el derramamiento de sangre y la pérdida de vidas y poder no tendrán comparación hasta ese momento en la historia. Este será a la vez uno de los días más oscuros y uno de los más positivos de toda la historia, ya que Dios resolverá el problema de una manera sorprendente. Tal es el desenlace profético de la guerra de Gog y Magog contra Israel en el final de los días de la línea de tiempo en curso.[3]

DAÑOS COLATERALES

Por aplastante que sea la derrota para los invasores, no terminará en la tierra de Israel. Ezequiel dice que las tormentas de fuego del juicio de Dios se extenderán incluso a la patria de algunas de las naciones invasoras. «Enviaré fuego sobre Magog y sobre los que habitan seguros en las costas; y sabrán que Yo soy el Señor» (Ezequiel 39:6).

En su comentario de este versículo, Joel Rosenberg dijo:

> Esto sugiere que los objetivos en toda Rusia y la antigua Unión Soviética, así como los aliados de Rusia, serán atacados sobrenaturalmente en este día de juicio y consumidos parcial o completamente. Estos podrían limitarse a depósitos de misiles nucleares, bases militares, instalaciones de radar, ministerios de defensa, cuarteles generales de inteligencia y otros edificios gubernamentales de diversos tipos. Pero tales objetivos también podrían incluir centros religiosos, como mezquitas, madrasas, escuelas y universidades islámicas, y otras instalaciones que predican el odio contra judíos y cristianos, y piden la destrucción de Israel. De cualquier manera, se esperan grandes daños colaterales, y muchos civiles correrán riesgo.[4]

No se indica el alcance de este daño colateral, pero podemos estar seguros de que dejará claro el disgusto de Dios con las acciones de estas naciones y evidenciará Su poder soberano.

DECISIÓN CRONOLÓGICA

Un cuestión clave sobre esta guerra que se avecina es cuándo llegará. ¿Dónde encaja esta invasión en el calendario profético de Dios? La cronología de esta invasión se ha relacionado con casi todos los puntos del final de los tiempos. Algunos creen que podría ocurrir en cualquier momento y que la invasión precederá al arrebatamiento o al menos a la tribulación.[5] También hay quienes creen que Ezequiel 38 es otra descripción de la batalla final de Armagedón.[6] Otros lo equiparan con la referencia a Gog y Magog en Apocalipsis 20:8.[7]

En un esfuerzo por mantener el material conciso, no presentaré los pros y contras de todos los puntos de vista en detalle, pero quiero considerar brevemente varios marcadores internos que nos ayudan a ubicar esta invasión en el calendario de eventos del final de los tiempos.

Primero, el pueblo judío debe ser reunido en su antigua patria. Ezequiel 37 es el preludio profético de la invasión en Ezequiel 38 y profetiza la reunión del pueblo judío en la tierra de Israel, en los últimos tiempos. Se entiende que el pueblo judío en la nación de Israel no puede ser invadido si la nación no existe. La reunión y restauración del pueblo judío a partir de la década de 1940 fue un evento clave que puso en marcha muchas otras profecías. Como señaló John Walvoord: «La profecía de Ezequiel obviamente no podría haberse cumplido antes de 1945, porque la nación de Israel no se había reunido en su tierra antigua. Hasta hace poco, la situación de Israel no correspondía a lo que se describe en el pasaje de Ezequiel. La profecía de Ezequiel de hace 2.500 años parece haber anticipado el regreso de Israel a su tierra antigua como preludio del clímax de la era actual».[8] La presencia de Israel en esa tierra es la primera condición previa importante que debe existir para que comience esta guerra.

En segundo lugar, la invasión ocurrirá en los «últimos días» o «al fin de los años» de la historia de Israel. Esto reduce la ventana de tiempo y el escenario de la invasión hasta el final de los tiempos, pero más específicamente después del arrebatamiento de la iglesia al cielo. Solo entonces comenzará el fin de los años para Israel.

En tercer lugar, Ezequiel profetiza que Irán y sus aliados vendrán contra Israel «después de muchos días», en un momento en que el pueblo de Israel vivirá en relativa paz y prosperidad (38:8-12). Ezequiel enfatiza repetidamente que cuando ocurra esta invasión, Israel regresará a la tierra, donde «habitan seguros» (38:8, 11, 14) y «confiados» (38:11). A pesar de lo que algunos creen, esto difícilmente describe lo que vemos en Israel hoy en día. La tierra es próspera, pero no está en paz ni en reposo. Los israelíes viven en un estado constante de alerta máxima. Pero de acuerdo con las Escrituras, se acerca un momento en que Israel disfrutará de una temporada de paz y bajará la guardia. Esto ocurrirá cuando Israel entre en un pacto o tratado con el próximo líder occidental, que será el Anticristo final (Daniel 9:27). En virtud de este tratado, él garantizará la paz y la seguridad de Israel. Por lo tanto, para que ocurra esta invasión, Israel debe estar presente en la tierra, próspero y pacífico.

Teniendo en cuenta todos estos marcadores internos, creo que esta batalla ocurrirá durante la primera mitad de la próxima tribulación de siete años, posiblemente al principio de esa ventana de tiempo, cuando Israel vivirá bajo su tratado de paz con el Anticristo. El pastor y autor evangélico David Jeremiah concuerda y dice: «Así, tenemos precisado el tiempo de la invasión... de Israel. Para resumir, llegará después de que Israel regrese a su tierra, después de que se haya vuelto muy próspera, y después de la implementación del tratado de paz de siete años con el Anticristo».[9]

El difunto John Walvoord tenía la misma opinión sobre el momento de esta batalla. «Solo hay un período en el futuro que se ajusta claramente a esta descripción de Ezequiel, y esa es la primera mitad de la septuagésima semana de Daniel del calendario de Dios para Israel (Daniel 9:27)».[10] Continúa diciendo: «Bajo ese pacto, Israel podrá relajarse, porque sus enemigos gentiles se habrán convertido en sus amigos, aparentemente garantizando sus fronteras y prometiéndoles libertad. Durante esos primeros tres años y medio, tenemos el único momento en que el Israel, ya reunido, está en reposo y seguro».[11]

La anticipación que vemos hoy indica que la venida de Cristo para el arrebatamiento de Su pueblo al cielo podría ser muy pronto, poniendo en marcha el dominó de eventos que llevarán a la batalla de Gog y Magog.

LAS CONSECUENCIAS DE LA BATALLA

Tres eventos principales toman lugar después de la batalla.

1. EL LLAMADO AL BANQUETE (EZEQUIEL 39:4-5, 17-20)

Las consecuencias de la batalla son una escena espeluznante y espantosa. La gran violencia que resultará de esta matanza proporcionará un gran banquete para las aves del cielo y las bestias del campo. Dios se refiere a la mortandad como Su «gran sacrificio» (39:17) y Su «mesa» (39:20), a la cual invita a las aves y las bestias.

> «En cuanto a ti, hijo de hombre, así dice el Señor Dios: "Dile a toda clase de ave y a toda bestia del campo: 'Congréguense y vengan, júntense de todas partes al sacrificio que voy a preparar para ustedes, un gran sacrificio sobre los montes de Israel, y comerán carne y beberán sangre. Comerán carne de poderosos y beberán sangre de los príncipes de la tierra, como si fueran carneros, corderos, machos cabríos y toros, engordados todos en Basán. Comerán grasa hasta que se harten, y beberán sangre hasta que se embriaguen, del sacrificio que he preparado para ustedes. En Mi mesa se hartarán de caballos y jinetes, de poderosos y de todos los hombres de guerra', declara el Señor Dios"». (Ezequiel 39:17-20)

Un banquete similar se llevará a cabo después de la batalla de Armagedón al final de la tribulación (Apocalipsis 19:17-21).

2. EL LIMPIAR LA TIERRA (EZEQUIEL 39:11-12, 14-16)

La limpieza de la tierra implica dos etapas. Primero, los escuadrones de limpieza peinarán el campo durante siete meses después de la batalla. No todos los cuerpos podrán ser enterrados rápidamente, y los huesos serán dejados. Estos equipos de limpieza colocarán marcadores donde sea que vean un hueso humano. Los sepultureros que vengan detrás de ellos verán los marcadores y llevarán los restos al valle de Hamon-Gog, que significa «multitud de Gog», para su entierro. Los esfuerzos de limpieza serán tan generalizados que se construirá una ciudad en el valle cerca de las tumbas para ayudar a los que están limpiando la tierra. El nombre de la ciudad será *Hamona* (multitud). Con respecto al entierro de estos ejércitos invasores, Warren Wiersbe dijo: «Entraron arrogantemente en Israel como soldados orgullosos, pero serán enterrados como animales sacrificados».[12]

La segunda fase de la limpieza de la tierra implicará quemar las armas sobrantes durante siete años (Ezequiel 39:9-10). Al describir las armas utilizadas durante esta invasión, Ezequiel se refiere a «escudos, broqueles, arcos y flechas, mazos y lanzas» (39:9). Ezequiel menciona a los caballos como el medio de transporte del ejército invasor (38:4, 15). Algunos creen que la devastación durante el tiempo futuro de la tribulación, posiblemente por el uso de armas nucleares, será tan severa que los ejércitos regresarán a usar armas antiguas y montar a caballo. Hay sutiles indicios de que esto podría suceder en el futuro. A principios de 2025, *Forbes* publicó este titular: «Después de perder 15.000 vehículos, algunas tropas rusas en Ucrania están montando caballos». El artículo dice: «Finalmente sucedió. Un video que circuló en las redes sociales esta semana muestra a dos soldados rusos montando a caballo por el fangoso paisaje ucraniano. Los regimientos mecanizados rusos han estado perdiendo vehículos blindados a una tasa de 6.000 al año».[13]

«Las tropas de asalto rusas que luchan en Ucrania pronto podrían encontrarse a caballo. Según el periódico *Kommersant*, el ejército ruso está tratando de reavivar unidades completas de caballería».[14]

Se dice que en 1947 se le preguntó a Albert Einstein en una cena qué nuevas armas creía que podrían emplearse en la Tercera Guerra Mundial. Después de una larga pausa, supuestamente respondió: «No sé qué armas podrían usarse en la Tercera Guerra Mundial. Pero no hay duda de qué armas se usarán en la Cuarta Guerra Mundial... lanzas rústicas».[15]

Si bien ese escenario es posible, creo que es mejor entender el lenguaje de Ezequiel en referencia a equivalentes contemporáneos como tanques, rifles, artillería moderna, drones y misiles. De lo contrario, no habría tenido ningún significado para las personas que vivían en los días de Ezequiel. La reciente asociación entre Irán y Rusia demuestra exactamente este tipo de guerra moderna: Irán suministra a Rusia drones Shahed para su uso en Ucrania, mientras que Rusia proporciona a Irán tecnología avanzada de misiles. Debemos ver estas armas de la misma manera que interpretamos las naciones en Ezequiel 38. Buscamos las contrapartes modernas de Ros, Gomer, Persia, etc., ya que los nombres antiguos ya no son relevantes.

Dado que la batalla de Gog y Magog ocurrirá durante la primera mitad de la tribulación, los israelitas continuarán quemando estas armas durante el resto de la tribulación de siete años y durante un breve tiempo en el reino milenario que seguirá a medida que la tierra sea limpiada y purificada.

3. La confirmación del Señor (Ezequiel 39:6-7)

A medida que desate Su ira y furia, Dios derramará Su misericordia. Él usará la asombrosa muestra de Su santidad y grandeza contra los ejércitos invasores no solo para proteger a Su pueblo, sino también para traer a muchos a la salvación, tanto de las naciones como de Israel.

> «...te traeré contra Mi tierra, para que las naciones me conozcan cuando Yo sea santificado por medio de ti ante sus ojos, oh Gog... Y mostraré Mi grandeza y santidad, y me daré a conocer a los ojos de muchas naciones; y sabrán que Yo soy el Señor... Enviaré fuego sobre Magog y sobre los que habitan seguros en las costas; y sabrán que Yo soy el Señor... Daré a conocer Mi santo nombre en medio de Mi pueblo Israel, y nunca más permitiré que Mi santo nombre sea profanado; y sabrán las naciones que Yo soy el Señor, el Santo en Israel... Pondré Mi gloria entre las naciones... La casa de Israel sabrá que Yo soy el Señor su Dios desde ese día en adelante». (Ezequiel 38:16, 23; 39:6, 7, 21, 22)

Charles Ryrie, en la *Biblia de estudio Ryrie*, señala: «El doble propósito de este juicio es que las naciones puedan reconocer la gloria de Dios y que Israel pueda conocer la gracia de Dios».[16]

A menudo es cierto que los tiempos de desastre e incluso el juicio pueden hacer que las personas entren en razón. Si bien no creo que el 11 de septiembre fuera necesariamente un acto de juicio divino contra Estados Unidos, fue una terrible muestra de violencia. Lo que vimos después fue que los estadounidenses llenaron las iglesias y clamaron a Dios. Si bien la gente volvió a lo mismo demasiado rápido, hubo al menos un breve e intenso momento de concientización y despertar.

El resultado del juicio de Dios en Ezequiel 38–39 será similar, pero real y duradero. Aun así, incluso las personas de esas naciones que hayan ido contra Dios e Israel tendrán la oportunidad de reconocer la grandeza y la gracia de Dios y de ser liberadas de sus pecados. El académico del Antiguo Testamento, Christopher J. H. Wright, nos recuerda: «Como pueblo redimido de Dios, no podemos contemplar la derrota final del mal y la destrucción de los malvados con ningún sentido de superioridad moral. Porque sabemos que, si no fuera por la gracia de Dios que nos ha llevado al arrepentimiento y la restauración, el mismo destino justo nos esperaría».[17]

CONCLUSIONES

- Un eje de naciones que rodea a Israel conspirará contra él en los últimos años para deshacerse de Israel de una vez por todas. Vemos que esta alianza se está formando en estos días.
- La invasión de Israel será un ataque sorpresa, el cual ocurrirá durante la primera mitad de la tribulación de siete años, cuando Israel viva en paz y prosperidad bajo un próximo tratado de paz que será impulsado por el Anticristo. La prioridad del Medio Oriente hoy en día es el anhelo de paz entre Israel, los palestinos y los otros vecinos de Israel.
- Satanás es la fuerza espiritual invisible detrás de la obsesión en Irán por borrar a Israel del mapa.

- Cuando Israel sea invadido y parezca que será erradicado, Dios intervendrá dramáticamente para destruir la avalancha de aliados e incluso enviará juicio contra la patria de los invasores.
- La demostración de poder y grandeza de Dios será tan abrumadora que las naciones se verán obligadas a reconocer que solo Él es el verdadero Dios.
- El pueblo de Israel comenzará a reconocer que no hay nadie como su Dios y se volverá hacia el Señor.
- Dios es soberano. Él controla a las naciones y la naturaleza. Nadie puede oponerse a Él.
- Dios es el único Salvador. Él es el único que puede liberar naciones e individuos.
- La salvación no se encuentra en nadie más. Volverse a Él y confiar en Él es tu única esperanza. Cristo viene por aquellos que han venido a Él.

CAPÍTULO 7

ACERCÁNDOSE A LA MEDIANOCHE

EN EL CAPITOLIO DE ESTADOS UNIDOS, a la entrada del Salón de las Estatuas (la cámara original de la Cámara de Representantes), se encuentra una de las obras de arte más antiguas del edificio. Es un reloj enorme llamado «la carroza de la historia». Encima de este reloj se encuentra Clío, la musa de la historia. En su mano hay un libro, y en este, se registran los acontecimientos de la historia a medida que se desarrollan.

En 1999, en un discurso ante una sesión conjunta del Congreso, el historiador y ganador del Premio Pulitzer, David McCullough, dijo sobre este reloj: «También es un reloj con dos manecillas y una cara anticuada. Del tipo que muestra el tiempo presente... el tiempo que fue... el tiempo que será».

Dios también tiene un reloj que dice qué tiempo es ahora y qué tiempo será. Su reloj divino es la nación y pueblo de Israel. El difunto pastor Adrian Rogers resumió el lugar de Israel en el programa profético de Dios:

> ¡Los días en los que vivimos son peligrosos! Las nubes de tormenta se están acumulando. Se alcanzan a ver rayos, y el pararrayos es Israel. Los cristianos no pueden negar o ignorar lo significativa que es la nación de Israel... Los ojos del mundo entero están puestos en el pequeño estado de Israel, y tus ojos también deben estar allí, porque los judíos e Israel son el pueblo y la tierra que señalan el destino. A medida que el judío avanza, también lo hace el mundo. Israel es la referencia de Dios. Israel es la vara de medir de Dios. Israel es el modelo de Dios. Israel es el programa de Dios para lo que Él está haciendo en el mundo.[1]

Charles H. Dyer, un experto en historia y geografía del Medio Oriente, escribió: «Dios le dio a Israel un papel protagónico en Su historia universal, e Israel volverá a ocupar el centro del escenario en el acto final. No se puede entender el futuro sin entender la parte que se le ha asignado a Israel».[2] Israel se menciona más de 2.500 veces en la Biblia. Después de casi dos mil años de dispersión entre más de setenta países, el actual estado de Israel fue fundado y formado en 1948. El pueblo judío todavía está en proceso de ser reunido en su antigua patria.

Esta reunión en su tierra ha desencadenado una tormenta de fuego en el Medio Oriente. Israel está rodeada de enemigos que quieren que la arrojen al mar. La hostilidad de las naciones hacia Israel, el cual prevalecerá en los últimos tiempos, fue profetizado por Zacarías unos 500 años antes de la venida de Cristo.

> Profecía, palabra del Señor acerca de Israel. El Señor, que extiende los cielos, pone los cimientos de la tierra y forma el espíritu del hombre dentro de él, declara: «Yo haré de Jerusalén una copa de vértigo para todos los pueblos de alrededor, y cuando haya asedio contra Jerusalén, también lo habrá contra Judá. Y sucederá en aquel día que haré de Jerusalén una piedra pesada para todos los pueblos. Todos los que la levanten serán severamente desgarrados, y contra ella se congregarán todas las naciones de la tierra». (Zacarías 12:1-3)

Lo que está sucediendo en Israel hoy tiene una similitud notable con esta antigua profecía, pero aún más específicamente con la guerra en Ezequiel 38–39. Israel está en guerra. Ha estado en guerra con Irán desde la revolución islámica en 1979.

El régimen de los mulás de Irán detesta a Israel. También lo hacen las unidades militares de élite de Irán. Esto se evidenció en una ceremonia de graduación de oficiales iraníes de la Academia de la Guardia Revolucionaria. Durante la ceremonia, los oficiales iraníes tenían una bandera israelí pintada en la parte inferior de sus botas que se podía ver claramente mientras caminaban como las tropas nazis de la década de 1930. Irán quiere poner su bota en el cuello de Israel. La obsesión de cada soldado iraní es la subyugación de Israel bajo el talón del poder iraní. Hablando de Israel, un alto general iraní a cargo de la Guardia Revolucionaria de Irán dijo: «Este siniestro régimen debe ser borrado del mapa y esto ya no es un sueño, sino un objetivo alcanzable».[3]

La principal unidad militar clandestina de Irán, que funciona bajo la Guardia Revolucionaria de Irán, se llama Fuerza Quds. El nombre árabe de Jerusalén es Al Quds. Este nombre fue seleccionado para ser un recordatorio constante del implacable deseo de Irán de recuperar Jerusalén y ponerla bajo el control chiita. Todo esto encaja perfectamente con la profecía de Ezequiel 38.

LA VERDADERA GUERRA DE LAS SOMBRAS

Los esfuerzos iraníes para aniquilar a Israel se están produciendo en el oscuro contexto del creciente antisemitismo global. El odio a Israel hoy en día está presente en su forma más concentrada en Irán, pero el antisemitismo está aumentando a un ritmo alarmante en todo el mundo. Es evidente para todos. Las sinagogas son regularmente escenarios de matanzas despiadadas. Es temporada de caza y el pueblo judío es la presa. El resurgimiento del odio contra Israel es palpable. Estos son solo algunos de los actos de antisemitismo que fueron noticia a lo largo de 2025:

- *21 de enero:* un centro de cuidado infantil en Sídney fue incendiado y se pintaron grafitis antisemitas en la pared.
- *21 de febrero:* un atacante apuñaló a un hombre en el memorial del Holocausto de Berlín.
- *22 de mayo:* dos empleados de la embajada israelí fueron asesinados por un atacante en Washington, DC.

- *31 de agosto:* un monumento conmemorativo del Holocausto en la ciudad francesa de Lyon fue vandalizado, con las palabras «Libertad para Gaza» grabadas en una estela de mármol negro.
- *8 de septiembre:* dos hombres armados palestinos abrieron fuego en una parada de autobús en las afueras de Jerusalén, matando a seis personas.
- *2 de octubre:* un hombre atropelló a peatones con un automóvil y apuñaló a un guardia de seguridad, matando al menos a dos personas e hiriendo gravemente a tres más en una sinagoga de Manchester, donde los fieles celebraban Yom Kipur.[4]

Esta tendencia ya estaba al alza antes de 2025. En 2023, por ejemplo, la Liga Antidifamación, un grupo de defensa judío, registró 8.873 incidentes antisemitas en Estados Unidos, un aumento del 140 % con respecto al año anterior, «y un récord desde que comenzó a tenerse seguimiento, en 1979».[5]

Lamentablemente, esto no es nada nuevo. El antisemitismo es tan antiguo como Abraham. A lo largo de los milenios, ha habido numerosos intentos de acabar con los judíos. El pueblo judío ha sido víctima de largas persecuciones y masacres para exterminar a su raza. Pero el reciente aumento del antisemitismo es sorprendente.

¿Alguna vez te has preguntado por qué hay tanto odio hacia el pueblo judío y el estado de Israel? ¿Por qué no desaparece? ¿Por qué ha perdurado por tanto tiempo? Si bien los perseguidores del pueblo judío a lo largo de los siglos han tenido sus propias justificaciones malvadas para sus acciones, hay dos razones subyacentes principales detrás del odio a Israel y el deseo de expulsarlo de su tierra.

Primero, y más específicamente, el enfrentamiento entre el pueblo judío y sus prójimos se remonta cuatro mil años, a los días de Abraham y sus dos hijos. El tema central es: ¿quién es el dueño de la tierra? Según Génesis 12:1-3 y 15:15-21, Dios hizo un pacto eterno con Abraham, dándole la tierra prometida. Los límites de la tierra se describen detalladamente en Génesis 15:18-21. Las bendiciones del pacto y la promesa de la tierra se transfirieron al hijo de Abraham: Isaac, no a Ismael. Siglos más tarde, cuando llegó el islam, la historia fue cambiada para resaltar a Ismael en lugar de Isaac.

Los musulmanes creen que Abraham llevó a Ismael al Monte Moriah en lugar de Isaac (Génesis 22). Sostienen que Abraham y Agar huyeron a La Meca con Ismael, donde este se convirtió en profeta y antepasado de Mahoma. La Biblia es clara en que Dios bendijo a Ismael. «En cuanto a Ismael, te he oído. Yo lo bendeciré y lo haré fecundo y lo multiplicaré en gran manera. Él será el padre de doce príncipes y haré de él una gran nación» (Génesis 17:20).

Sin embargo, la tierra prometida fue entregada por Dios para siempre a Abraham, luego a Isaac y luego al hijo de Isaac: Jacob, y a sus descendientes. El pueblo judío posee la tierra, la ciudad de Jerusalén y el Monte del Templo, según la Biblia. Sin embargo, los musulmanes creen que les pertenece. Ahí radican la rivalidad y la hostilidad históricas.

Los iraníes no son descendientes de Ismael; son persas. Algunos árabes de hoy no son descendientes de Ismael, pero muchos lo son. En cualquier caso, los seguidores del islam creen que la tierra es suya por derecho divino. La batalla por la tierra de Israel que vemos hoy proviene de esta antigua rivalidad que se ha gestado por cuatro milenios.

En segundo lugar, la principal fuerza impulsora detrás del antisemitismo en general es el diablo, el enemigo de Dios: Satanás. Satanás es anticristo y antisemita. Satanás odia lo que Dios ama, por lo que odia a Jesús y odia al pueblo judío, porque Dios tiene un propósito y un plan para ellos al final de los tiempos. Dios prometió al pueblo judío una parte específica de bienes raíces en el Medio Oriente en Génesis 15:18-21, y se lo dio como posesión para siempre. Cristo volverá un día para cumplir esa promesa a Israel. Él traerá al pueblo judío a Su tierra prometida bajo Su gobierno.

Dios también prometió que un Mesías de la línea del rey David gobernaría sobre Israel en su tierra. Para evitar el cumplimiento de esa profecía, Satanás trabajó a lo largo del Antiguo Testamento para eliminar al pueblo judío, específicamente a la línea de David, para evitar que Jesús naciera. Cuando ese plan falló, tentó a Jesús a pecar, para descalificarlo de ser el Salvador (Mateo 4). Cuando no tuvo éxito con esa táctica, Satanás movió a los líderes judíos y romanos para matarlo. Pero Jesús resucitó al tercer día (Mateo 27–28).

El último esfuerzo de Satanás para estropear el programa de Dios y hacer fallar las promesas de Dios a Abraham y David es eliminar al pueblo judío. Al hacerlo, Satanás puede frustrar las promesas de Dios. Él puede evitar que Cristo gobierne sobre el pueblo judío como lo prometió. Esto explica el odio irracional que los vecinos de Israel tienen por el estado judío y su pueblo. Son impulsados por un aborrecimiento de Israel impulsado por el demonio.

No lo pases por alto. Satanás es el mayor antisemita del mundo. Eso explica la agenda siniestra contra Israel y la tormenta que se avecina en el Medio Oriente. Explica por qué los eventos están llegando a un gran clímax en el Medio Oriente. Y explica la obsesión de Irán por borrar a Israel del mapa, así como su empeño continuo, pese a los recientes reveses, por reactivar a sus fuerzas subsidiarias y rodear a Israel con un anillo de fuego.

CONCLUSIÓN

Irónicamente, el régimen iraní en Teherán que está impulsado por un odio satánico hacia Israel está obsesionado con destruir al «Gran Satán» (Estados Unidos) y al «Pequeño Satán» (Israel). Como hemos visto, los recientes reveses militares han dejado a Irán más desesperado que nunca: el régimen de Asad ha caído en Siria, Hezbolá ha quedado significativamente debilitado en el Líbano e Israel ha atacado las instalaciones nucleares de Irán. Un régimen acorralado con opciones limitadas puede ser más propenso a arriesgarlo todo en la táctica desesperada descrita en Ezequiel 38–39. Esta antigua profecía, escrita alrededor del 571 a. C., profetiza que Israel será invadido por una coalición de naciones islámicas, con Irán como actor clave.

La guerra de Gog y Magog aún no ha ocurrido, pero la gran tormenta profetizada en Ezequiel se acerca. No sabemos qué tan pronto sucederá. Sin embargo, la guerra de Israel con Irán y sus representantes es una pieza importante del rompecabezas que parece estar cayendo en su lugar.

Mantén la mirada en el Medio Oriente. Pero recuerda: Israel es el reloj profético de Dios, y las manecillas se acercan a la medianoche.

EL FUTURO DE ISRAEL EN SIETE PALABRAS

- **TRATADO:** Bajo la dirección de un líder occidental, el Anticristo, que garantizará la paz y la seguridad, Israel firmará un tratado con él y posiblemente con sus semejantes (Daniel 9:27).
- **TEMPLO:** Israel edificará el tercer templo en los últimos tiempos (Mateo 24:15; 2 Tesalonicenses 2:4; Apocalipsis 11:1-2).
- **TRAMPA:** La batalla de Gog y Magog será un ataque sorpresa cuando Israel haya bajado la guardia en virtud del tratado con Occidente (Ezequiel 38–39).
- **TRAIDOR:** Con la silla de poder vacía por la destrucción del eje ruso-islámico, el Anticristo romperá su tratado con Israel en el punto medio y consolidará su dominio global (Daniel 9:27).
- **TRIBULACIÓN:** Israel soportará la Gran Tribulación (Jeremías 30:7).
- **TORNAR:** Cuando Cristo vuelva a la tierra, muchos en Israel se volverán a Él y lo recibirán como Mesías y Señor (Zacarías 12:10).
- **TRIUNFO:** Cristo vendrá a rescatar al remanente de Israel y establecer Su reinado de mil años en la tierra. Durante esta era, los pactos que Dios hizo con Israel se cumplirán literal y completamente (Apocalipsis 20:1-6).

CAPÍTULO 8

¿SOBREVIVIRÁ ESTADOS UNIDOS?

> Estados Unidos está en problemas. Grandes problemas. Como nación, estamos caminando por un precipicio peligroso, al borde de la destrucción. Además de las amenazas conocidas de terrorismo global, un colapso en el Medio Oriente, una deuda nacional en alza y el espíritu de división que ha separado a nuestra nación, los cimientos mismos de nuestro país se están agrietando bajo nuestros pies. Estados Unidos está perdiendo su *alma*.
>
> —*Jeff Kinley, The End of America* [El fin de Estados Unidos]

SE DICE QUE EN EL AÑO 1787, un profesor de historia escocés llamado Alexander Fraser Tytler observó lo siguiente sobre la longevidad de la democracia:

> Una democracia es siempre de naturaleza temporal; simplemente no puede existir como una forma permanente de gobierno. Una democracia continuará existiendo hasta el momento en que los votantes descubran que pueden adjudicarse a sí mismos generosas dádivas del tesoro público.

A partir de ese momento, la mayoría siempre vota por los candidatos que prometen más beneficios de la tesorería, con el resultado de que toda democracia finalmente colapsará debido a una política fiscal laxa, la cual siempre es seguida por una dictadura.

La edad promedio de las civilizaciones más grandes del mundo desde el comienzo de la historia ha sido de unos 200 años. Durante esos doscientos años, estas naciones siempre avanzaron a través de la siguiente secuencia:

De la esclavitud a la fe espiritual;
De la fe espiritual a la gran valentía;
De la valentía a la libertad;
De la libertad a la abundancia;
De la abundancia a la complacencia;
De la complacencia a la apatía;
De la apatía a la dependencia;
De la dependencia de nuevo a la esclavitud.[1]

De acuerdo a cualquier evaluación realista, Estados Unidos se está deslizando hacia el final de la lista del profesor Tytler. Abundan la abundancia, la apatía y la complacencia. La dependencia y la esclavitud podrían estar esperando su llamado.

Estados Unidos, aunque todavía prospera financieramente y ejerce un gran poder militar, parece estar en problemas en más de un frente. El estatus de la mayor superpotencia del mundo no es tan firme como lo ha sido en el pasado. Los acontecimientos actuales están ampliando las grietas en los cimientos. Desde la perspectiva profética, esto plantea preguntas importantes, tales como qué papel desempeña Estados Unidos en la imagen de los últimos tiempos establecida en la Biblia. Al considerar el enfrentamiento con Irán y todas sus implicaciones proféticas para Israel, el mundo y el Medio Oriente, es apropiado que evaluemos brevemente el futuro de Estados Unidos. El lugar de Estados Unidos en la profecía de la Biblia es probablemente la pregunta más formulada sobre los últimos tiempos.

LA AUSENCIA ESTADOUNIDENSE

Se hace referencia a una impresionante lista de naciones modernas (o sus contrapartes antiguas) en las profecías del fin de los tiempos que se encuentran en las Escrituras.

Israel
Jordania (Amón, Moab y Edom)
Egipto
Sudán (Cus)
Rusia (Ros)
Irán (Persia)
Irak (Babilonia)
Europa (Imperio Romano reunificado)
Asia Central (Magog)
Siria
Grecia

Arabia Saudita y otros Estados del Golfo (Sabá y Dedán)
Libia (Fut)
Líbano (Tiro)

Algunos agregan a China u otras naciones del Lejano Oriente a esta lista. Los encuentran en la referencia a los «reyes del oriente» en Apocalipsis 16:12.

Estados Unidos está notablemente ausente de esta lista. Todos están de acuerdo en que Estados Unidos nunca se menciona explícitamente en las páginas de las Escrituras. La Biblia nunca usa la palabra «América» ni dice «Estados Unidos». Sin embargo, a lo largo de los años, los maestros de profecía han identificado varios pasajes que creen que podrían ser referencias simbólicas a Estados Unidos. Algunos de los más notables son:

- La nación sin nombre en Isaías 18
- Los «potentados» o «mercaderes de Tarsis» en Ezequiel 38:13
- Babilonia la grande en Apocalipsis 17–18

Hay otra postura que sostiene que Estados Unidos son las diez tribus perdidas de Israel.

Habiendo examinado cada una de estas posturas a detalle, no creo que ninguna de ellas se refiera directamente a

Estados Unidos.[2] No creo que Estados Unidos se mencione *directa* o *indirectamente* en las Escrituras. Joel Rosenberg concuerda:

> La verdad es que Estados Unidos simplemente no se encuentra en ninguna parte de la Biblia. Esto puede ser doloroso para muchos. Puede ser difícil de aceptar para otros. Sin embargo, la verdad sigue siendo que Estados Unidos nunca se menciona directamente ni se hace referencia específica a él en la historia de la Biblia o en la profecía bíblica. Simplemente no sucede.[3]

La ausencia de Estados Unidos en la imagen del final de los tiempos plantea la pregunta del «porqué». ¿Por qué Estados Unidos está ausente de la acción en la profecía del fin de los tiempos? Una posibilidad obvia es que Estados Unidos simplemente no se menciona, al igual que la mayoría de las otras naciones. La profecía de los últimos tiempos destaca principalmente a Israel y el Medio Oriente, por lo que Estados Unidos podría omitirse por esa razón. Si bien eso es posible, las profecías del fin de los tiempos incluyen a Rusia, Turquía y los reyes de Oriente, los cuales se encuentran fuera del Medio Oriente, por lo que incluir a Estados Unidos no sería necesariamente algo raro. Entonces, ¿qué debemos hacer con el silencio bíblico con respecto a Estados Unidos en los últimos tiempos?

Si bien hay espacio para el desacuerdo sobre este punto, creo que la falta de cualquier mención de Estados Unidos en los últimos tiempos es una pista de que algo debe sucederle al país para bajarlo del estatus de superpotencia antes de que comiencen los últimos tiempos. Después de todo, sería extraño omitir cualquier referencia a la mayor potencia del mundo en los eventos del fin, si es que Estados Unidos sigue siendo la nación más grande del planeta. Suponiendo que sea cierto que la ausencia de esta nación de la profecía de los últimos tiempos es una indicación de que ya no será la potencia dominante del mundo, ¿qué sucederá para disminuir de tal manera la influencia de Estados Unidos? ¿Cuáles son algunos escenarios plausibles para explicar la ausencia estadounidense de la profecía de los últimos tiempos?

Quiero sugerir cinco posibilidades.

1. IMPLOSIÓN ECONÓMICA

Al considerar las posibles razones de la futura caída de Estados Unidos, la lista debe incluir la bomba de la deuda que crece cada vez más. La deuda total y el déficit presupuestario anual de EE. UU. continúan aumentando sin un final a la vista. Los números han crecido tanto que es difícil comprenderlos. Esta nación ahora se está acercando a una deuda de cuarenta billones de dólares y contando... y contando. El Departamento del Tesoro de Estados Unidos acumula billones de dólares adicionales cada año. La deuda nacional es del 125 % del PIB. El país se está ahogando en deuda, no deja de aumentar sus gastos, y lo que es aún más inquietante es que pocos parecen estar preocupados por ello. Los políticos, en su mayor parte, continúan como si nunca fuera a haber un día de ajuste de cuentas.

Un problema que todos enfrentamos es que la mente humana tiene dificultades para entender una cifra tan enorme. Aquí hay algunos datos impactantes que ayudan a poner en perspectiva cuán grandes son 40 billones de dólares.

- Para pagar nuestra deuda nacional tendríamos que combinar el PIB de China, Japón e India.
- Nuestra deuda equivale 110.000 dólares *por ciudadano* o 286.000 dólares *por contribuyente*.
- Actualmente se mantienen entre 73 y 175 billones de dólares en obligaciones no financiadas.
- Los intereses de la deuda nacional exceden el gasto anual en el programa de seguro médico federal *Medicare*, así como en defensa nacional.[4]
- Los presidentes modernos han duplicado la deuda nacional cada nueve años.[5]

Para equilibrar este sombrío panorama de la deuda, es importante tener en cuenta que la economía estadounidense ha disfrutado de una gran racha en los últimos años. Las políticas fiscales del presidente Trump han creado una mayor riqueza y prosperidad en todos los estratos de la sociedad. El desempleo ha bajado, las ganancias han subido y la bolsa de valores ha tenido un buen desempeño. Los mercados financieros de Wall Street no paran. Pero, ¿cuánto tiempo más puede continuar esta actitud de gastos imprudentes? ¿Cuándo ejercerá el ancla de la deuda un tirón tan agudo que ya no sea posible una recuperación significativa? ¿Cuándo se quedará Estados Unidos sin dinero para financiar su ejército y defenderse?

La deuda desbocada, que termina en implosión económica, podría significar el declive estadounidense e incluso el desastre.

2. LA PESADILLA NUCLEAR

Otra circunstancia que podría provocar la desaparición de Estados Unidos es un 11 de septiembre nuclear. A medida que la proliferación nuclear se sale de control, naciones deshonestas como Pakistán, Corea del Norte o Irán, cuando logren obtener una bomba, podrían transferir un dispositivo nuclear o incluso una bomba sucia a una célula terrorista para detonarla en suelo estadounidense. El terror nuclear podría desencadenar todo tipo de consecuencias, poniendo a Estados Unidos de rodillas.

3. DECADENCIA MORAL

Dios es misericordioso y paciente. Todos debemos estar agradecidos por Su bondad y gracia hacia los pecadores, demostradas en el sacrificio de Jesucristo. Sin embargo, la Biblia es clara en que la ira de Dios no se guardará para siempre. El Dios justo y santo se aira justamente contra el pecado humano. Su juicio recae tanto sobre las naciones como sobre los individuos.

La ira de Dios no es un tema muy popular hoy en día. Nunca ha sido popular. Sin embargo, la Biblia presenta al menos cuatro aspectos de la ira de Dios.

1. **LA IRA DIRECTA** es un derramamiento cataclísmico del juicio de Dios. Algunos ejemplos de esto son el diluvio global (Génesis 7–8), la destrucción de Sodoma y Gomorra (Génesis 19) y las plagas de Egipto (Éxodo 7–11).
2. **LA IRA ESCATOLÓGICA O DEL FIN DE LOS TIEMPOS** (también conocida como «día de la ira del Señor») es el juicio de Dios derramado sobre la tierra durante el tiempo futuro de la tribulación global, descrito en Apocalipsis 6–19. El Nuevo Testamento enseña que la iglesia de Jesucristo estará exenta de este tiempo de ira (1 Tesalonicenses 1:9-10; 5:9; Apocalipsis 3:10-11). Cristo vendrá a rescatar a Su novia antes de que comience.
3. **LA IRA ETERNA** es la forma final de la ira de Dios en el lago de fuego, donde los perdidos experimentarán la separación de Dios (Apocalipsis 14:9-11; 20:10, 15).
4. **LA IRA DE ABANDONO** es una forma menos conocida de la ira de Dios. Ocurre cuando Dios empuja activamente a una persona o nación en la dirección que ya ha elegido y luego retira Su mano, «soltando» a esa persona o nación sin ninguna bendición o intervención para ayudarla.

Hasta ahora, por la gracia de Dios, Estados Unidos no ha

experimentado la ira directa de Dios, pero ¿podría Estados Unidos estar sufriendo una ira de abandono que conduzca a un derramamiento de la ira directa de Dios? ¿Hay señales de que ha comenzado? ¿Cómo podemos saberlo? ¿Cómo sería eso?

Romanos 1:21-32 es el pasaje más claro del Nuevo Testamento sobre el «dejar ir» de Dios a una persona o nación. Observa la triple repetición de las palabras «Dios los entregó» (Romano 1:24, 26, 28). Esta es la ira del abandono: Dios quitando Su mano y Su ayuda. Estos versículos revelan que la ira del abandono se desarrolla poco a poco. Es una espiral mortal y descendente. «El abandono es un soltar gradual que ocurre por etapas. Sin embargo, como los dolores de parto, parece intensificarse hacia un clímax dramático de corrupción».[6] En Romanos 1:21-32 se pueden rastrear cuatro etapas o fases.

- **ETAPA 1, EL RECHAZO DE DIOS:** «Pues aunque conocían a Dios, no lo honraron como a Dios ni le dieron gracias, sino que se hicieron vanos en sus razonamientos y su necio corazón fue entenebrecido. Profesando ser sabios, se volvieron necios, y cambiaron la gloria del Dios incorruptible por una imagen en forma de hombre corruptible, de aves, de cuadrúpedos y de reptiles». (Romanos 1:21-23)
- **ETAPA 2, LA INMORALIDAD SEXUAL DESENFRENADA:** «Por lo cual Dios los entregó a la impureza en la lujuria de sus corazones, de modo que deshonraron entre sí sus propios cuerpos. Porque ellos cambiaron la verdad de Dios por la

mentira, y adoraron y sirvieron a la criatura en lugar del Creador, quien es bendito por los siglos. Amén». (Romanos 1:24-25)

- **ETAPA 3, LA REVOLUCIÓN DE LA HOMOSEXUALIDAD:** «Por esta razón Dios los entregó a pasiones degradantes; porque sus mujeres cambiaron la función natural por la que es contra la naturaleza. De la misma manera también los hombres, abandonando el uso natural de la mujer, se encendieron en su lujuria unos con otros, cometiendo hechos vergonzosos hombres con hombres, y recibiendo en sí mismos el castigo correspondiente a su extravío». (Romanos 1:26-27)
- **ETAPA 4, LA RATIFICACIÓN DEL MAL:** «Y así como ellos no tuvieron a bien reconocer a Dios, Dios los entregó a una mente depravada, para que hicieran las cosas que no convienen. Están llenos de toda injusticia, maldad, avaricia y malicia, llenos de envidia, homicidios, pleitos, engaños, y malignidad. Son chismosos, detractores, aborrecedores de Dios, insolentes, soberbios, jactanciosos, inventores de lo malo, desobedientes a los padres, sin entendimiento, indignos de confianza, sin amor, despiadados. Ellos, aunque conocen el decreto de Dios que los que practican tales cosas son dignos de muerte, no solo las hacen, sino que también dan su aprobación a los que las practican». (Romanos 1:28-32)

La presencia y la progresión de estas etapas no indican que Dios juzgará a una nación, sino que ya la está juzgando.

Según Romanos 1, Estados Unidos ya está bajo el juicio de Dios.

El rechazo de Dios es la primera ficha de dominó que desencadena el colapso moral. Esa es la etapa uno en el ciclo de abandono: rechazar a Dios. Trágicamente, cuando las personas se deshacen de Dios, se pierden a sí mismas y esto resulta en confusión moral y caos. Desde cualquier punto de vista, hemos sido testigos de un cambio moral catastrófico en Estados Unidos en las últimas dos décadas. Los límites morales se están cruzando con una velocidad alarmante. Justo cuando crees que no puede empeorar, se descubre otro paso en decadencia. Vivimos en una cultura de *Cincuenta sombras de Grey*. La pornografía está en todas partes. Aquí hay algunas estadísticas que muestran la sombría realidad.

- Hay veinticinco millones de sitios web pornográficos.
- Cuarenta millones de personas visitan regularmente estos sitios.
- Casi ocho de cada diez estadounidenses visitan un sitio web pornográfico al menos una vez al mes.[7]

La sociedad estadounidense está empapada de pecado sexual. Esa es la etapa dos.

La atrocidad del aborto cubre nuestra tierra. Afortunadamente, las tasas de aborto en Estados Unidos están disminuyendo a un ritmo constante, ¡pero la noticia trágica es que el número todavía está cerca de un millón por año!

Una de las señales de que una nación está siendo abandonada por Dios es la aceptación y legalización de la homosexualidad. Hoy en día en Estados Unidos, el matrimonio entre personas del mismo sexo es una ley establecida. Cualquier oposición al matrimonio entre personas del mismo sexo o incluso su cuestionamiento, provoca la ira de la cultura y los medios de comunicación. La confusión de género está creciendo. El ser transgénero y la «fluidez de género» están proliferando. Las opciones de género hoy en día oscilan entre dos y 200. Esa es la etapa tres.

Como señaló el fundador de Main Thing Ministries, Jeff Kinley: «la decadencia espiritual es un agujero negro, y su atracción gravitacional está absorbiendo a nuestra nación a una oscuridad ineludible».[8] La inmoralidad de todo tipo no solo se tolera, sino que se protege y celebra. Esa es la etapa cuatro.

Estados Unidos parece estar en el camino hacia el abandono divino. Este podría ser otro factor principal en la caída final de Estados Unidos.

4. LA SEGUNDA GUERRA CIVIL

Una posibilidad aterradora que podría explicar la ausencia de Estados Unidos de la profecía del fin de los tiempos y su aparente desaparición es una guerra civil: una fractura y disolución total de la nación. Esto habría sido impensable incluso hace unos años, pero el abismo entre izquierda y derecha se está ampliando hasta el punto de que cada vez más parece un punto de no retorno. El partidismo voraz y la política venenosa están desenfrenados en todos los temas concebibles. El camino de en medio, hoy más que nunca, parece ser el camino menos transitado.

A la luz de la creciente polarización en nuestro discurso público en los últimos años, se ha hablado de una segunda guerra civil en Estados Unidos. Cuando escuché esto por primera vez, pensé que no era más que una retórica imprudente de los conspiranoicos y fanáticos, lo cual trato de evitar. Sin embargo, un número creciente de expertos respetados señala que el entorno político en Estados Unidos es el más dividido desde la Guerra Civil. El analista político Bill Schneider, profesor de política, gobierno y asuntos internacionales en la Universidad George Mason, opina: «Nada es permanente, pero estamos separados. Diría que esto es lo más dividido que hemos estado desde la Guerra Civil».[9]

No hay duda de que Estados Unidos actualmente está atrapado en una feroz guerra civil ideológica, política y cultural. Pocos lo negarían. Algunos se refieren al estado actual de las cosas como una guerra civil «suave» que ya está en marcha en Estados Unidos, y que se puede ver en el desgarro del tejido racial, político, social e ideológico. Pero, ¿podría la guerra civil ideológica y política salirse de control, desbordarse y resultar en una guerra violenta? Cada vez más personas parecen pensar así.

Steve Chapman, miembro del consejo editorial del diario *Chicago Tribune*, observó:

> El Estados Unidos moderno está fuertemente polarizado, golpeado por furias políticas y dividido como nunca antes. La moderación está desapareciendo a medida que los estadounidenses rechazan cada vez más a las personas de diferentes puntos de vista. Estamos divididos entre grupos hostiles, cada uno con sus propias cadenas de televisión, de comida rápida y ropa deportiva: Fox News vs. MSNBC, Chick-fil-A vs. Chipotle, Under Armour vs. Nike... Los ideólogos extremos y ruidosos están ganando terreno tanto en la derecha como en la izquierda. Según una encuesta, un tercio de los votantes probables piensan que estamos al borde de la guerra civil.[10]

Después de que la Cámara de Representantes votó a favor de aprobar una medida que establece procedimientos para la investigación de juicio político, el representante republicano de Texas Louie Gohmert dijo que los demócratas de la Cámara de Representantes estaban «a punto de llevar a este país a una guerra civil si se cumpliera lo que pedían». Luego agregó: «Y si hay una cosa que no quiero ver en mi vida, en la que no quiero participar nunca, es una guerra civil. Algún historiador, no recuerdo quién, dijo que las armas solo están involucradas en la última fase de una guerra civil».[11]

La guerra civil es un escenario que aterra tan solo al pensar en él, pero cada vez más los ingredientes parecen estar hirviendo a fuego lento. La polarización abunda en todos los frentes. La nación está dividida en dos campos hostiles en casi todos los temas. Los puntos en común y el ceder son cada vez más difíciles de alcanzar. El presidente Trump se ha convertido en un pararrayos para la izquierda.

El comentarista y analista político Bill O'Reilly señala:

> Como alguien que ama a Estados Unidos y a muchas de las personas que lo habitan, el augurio de una guerra civil por Donald Trump es deprimente. Pero eso es exactamente lo que está sucediendo... A medida que las cosas continúan evolucionando, la ira está creciendo en ambos lados, pero más en los distritos favorables a Trump. Me temo que la violencia podría ser lo que veamos después.[12]

Ray Dalio, quien ha predicho con precisión muchas recesiones importantes en Estados Unidos en las últimas décadas, abordó el tema de una inminente guerra civil en una entrevista con la revista Fortune, que resumió su advertencia:

> El aumento de la deuda y la profundización de las divisiones políticas podrían empujar al país hacia la crisis... Estados Unidos se enfrenta a la elección entre unirse en torno a intereses compartidos o caer en un conflicto destructivo... La relación deuda/PIB del 125 % de la nación corre el riesgo de desencadenar una «bomba de deuda» si los inversores pierden la confianza, lo que obliga a mayores costos de endeudamiento o dolorosos recortes de gastos. Si la fricción en EE. UU. continúa... la capacidad de los individuos para «lastimarse unos a otros» nunca ha sido mayor.

El artículo de *Fortune* citó estas palabras de Dalio: «Estamos en guerras. Hay una guerra financiera y de dinero. Hay una guerra tecnológica, hay guerras geopolíticas y hay más guerras militares. Por lo que tenemos una guerra civil de algún tipo que se está desarrollando en Estados Unidos y en otros lugares, donde hay diferencias irreconciliables».[13]

Una encuesta reciente de Gallup encontró que el ochenta por ciento de los estadounidenses creía que su país estaba «muy dividido» en temas clave.[14]

Hay muchos posibles desencadenantes de una segunda guerra civil. La siguiente lista es un resumen de algunos de los puntos de inflamación recientes más notorios.

- Grupos anarquistas como Antifa
- Tensiones raciales
- Supremacistas blancos
- Enfrentamientos sobre el significado y el alcance de la Segunda Enmienda
- Audiencias constantes de comités partidistas en el Congreso
- Inmigración y deportaciones de ICE
- Calentamiento global
- Capitalismo contra socialismo o comunismo
- Hablar de ciertos estados que se separan de la Unión
- Audiencias del Senado para nominaciones a la Corte Suprema
- Amenazas constantes de juicio político presidencial
- Donald Trump, el presidente de Estados Unidos,

no es bienvenido e incluso es activamente excluido de muchas ciudades del país

- Celebridades en la lista negra por mostrarse favorables con el presidente

Un titular del *Washington Post* dice: «En Estados Unidos, se habla de algo de lo que no se ha hablado durante 150 años: la guerra civil». La historia hace referencia, entre otros, al historiador de la Universidad de Stanford, Victor Davis Hanson, quien preguntó en un ensayo de *National Review* el verano pasado: «¿Cómo, cuándo y por qué Estados Unidos ha llegado ahora al borde de una verdadera guerra civil?». El doctor Hanson advierte: «Casi todas las instituciones culturales y sociales (universidades, escuelas públicas, la NFL, los Óscar, los Tonys, los Grammys, la televisión nocturna, los restaurantes públicos, las cafeterías, las películas, la televisión, la comedia) no solo se han politizado, sino que también se han convertido en armas. [Estados Unidos está] al borde de una verdadera guerra civil».[15]

La idea de una guerra civil puede no ser tan descabellada como algunos creen. «El ruido de tambores de guerra es cada vez más fuerte. Gobernadores. Jueces. Predicadores. Políticos. [Así como creadores de pódcast].

Todos están aumentando la retórica, impulsando la profunda división política dentro del país hacia una segunda Guerra Civil».[16]

Oramos para que esto nunca suceda, pero podría suceder y hundiría a Estados Unidos en el olvido.

5. LA GRAN DESAPARICIÓN

Si bien cualquiera de estos escenarios es posible solo o en una combinación mortal, teniendo en cuenta todos los hechos, mi opinión es que la caída final de Estados Unidos ocurrirá como resultado del arrebatamiento de todos los creyentes al cielo. La Biblia predice que llegará un día en que la novia de Jesucristo será llevada repentinamente al cielo en un abrir y cerrar de ojos. En toda la tierra, los creyentes desaparecerán repentinamente. El arrebatamiento no es un evento que fue inventado por creyentes con deseos de escapar. La creencia en el arrebatamiento se basa en una clara enseñanza de las Escrituras. En Juan 14:1-3, Jesús prometió regresar por Sus seguidores para llevarlos al cielo.

> «No se turbe su corazón; crean en Dios, crean también en Mí. En la casa de Mi Padre hay muchas moradas; si no fuera así, se lo hubiera dicho; porque voy a preparar un lugar para ustedes. Y si me voy y les preparo un lugar, vendré otra vez y los tomaré adonde Yo voy; para que donde Yo esté, allí estén ustedes también».

El apóstol Pablo habló constantemente de la venida de Cristo para tomar o arrebatar a Su pueblo de la tierra al cielo.

> Así que les digo un misterio: no todos dormiremos, pero todos seremos transformados en un momento, en un

> abrir y cerrar de ojos, a la trompeta final. Pues la trompeta sonará y los muertos resucitarán incorruptibles, y nosotros seremos transformados. Porque es necesario que esto corruptible se vista de incorrupción, y esto mortal se vista de inmortalidad. (1 Corintios 15:51-53)

Al escribirles a los tesalonicenses, Pablo destacó la resurrección de los creyentes fallecidos y el arrebatamiento de los que están vivos cuando Cristo venga.

> Por lo cual les decimos esto por la palabra del Señor: que nosotros los que estemos vivos y que permanezcamos hasta la venida del Señor, no precederemos a los que durmieron. Pues el Señor mismo descenderá del cielo con voz de mando, con voz de arcángel y con la trompeta de Dios, y los muertos en Cristo se levantarán primero. Entonces nosotros, los que estemos vivos y que permanezcamos, seremos arrebatados juntamente con ellos en las nubes al encuentro del Señor en el aire, y así estaremos con el Señor siempre. Por tanto, confórtense unos a otros con estas palabras. (1 Tesalonicenses 4:15-18)

La palabra «arrebatados» en 1 Tesalonicenses 4:17 traduce el término griego *harpazo*, que se refiere al arrebatamiento de la iglesia al cielo. Cuando Jerónimo tradujo la Biblia del griego al latín, tradujo la palabra *harpazo* con el término latino *rapio*, del cual se deriva la palabra «rapto» en español. El concepto de un «rapto futuro», es decir, el arrebatamiento de los creyentes al cielo, se basa en una sólida interpretación de las Escrituras.

Cuando el arrebatamiento ocurra, todos los creyentes en Estados Unidos y en toda la tierra serán transportados inmediatamente al cielo, dejando a los que se quedan atrás para recoger los pedazos de una fuerza laboral marchita y una economía destrozada, sin mencionar el trauma psicológico y el miedo que prevalecerá. Si bien hay creyentes en todas las naciones, alrededor del cinco al diez por ciento de los estadounidenses profesan fe solo en Jesucristo para la salvación del pecado. La expulsión repentina de entre veinte y treinta millones de personas de Estados Unidos sería apocalíptica (literalmente).

El profesor de profecía Jeff Kinley describió una imagen gráfica de Estados Unidos después del arrebatamiento:

> Así que imagina lo que sucederá cuando tanto la sal como la luz de la tierra sean quitadas de la cultura actual. ¿Quién se quedará atrás para preservar la decencia, la moralidad y la bondad? ¿Quién expondrá y luchará contra la oscuridad?... No habrá ni un solo creyente en suelo estadounidense. Imagina eso por un momento... Con el alma de nuestro país ahora ausente, se convertirá en una nación de muertos vivientes, vagando sin rumbo hacia su final e inevitable desaparición... En ese momento milagroso, la desaparición completa de los cristianos no es lo único que cambiará. Todo se alterará después de esa partida repentina: gobiernos, estados, comunidades, ejércitos, escuelas,

> iglesias, hospitales, universidades, familias, matrimonios, infraestructuras nacionales... *todo*. No habrá un solo sector de la sociedad que no se vea afectado, ya que en todo sentido práctico, Dios habrá salido de escena.[17]

Kinley concluyó su sombría descripción de Estados Unidos después del arrebatamiento de esta manera:

> Lo que sigue es el caos político, económico y moral en este país... Lo que permanecerá será un vacío enorme de la verdad. El pecado desenfrenado comenzará a consumir a toda una sociedad. En todo el país, el escenario se convertirá en uno de confusión, caos y miedo, lo que resultará en un crimen desenfrenado, robos y asesinatos. Un ataque de pánico tomará por el cuello a todo el país... Debido al arrebatamiento, una parte considerable de la población estadounidense desaparecerá, dejando enormes vacíos en prácticamente todos los estratos [*sic*] de la sociedad... Con la anarquía y el caos reinando, Estados Unidos se paralizará y oficialmente ya no tendrá un papel importante en los asuntos mundiales.
>
> Como una manta pesada, la oscuridad caerá sobre toda una nación... En un abrir y cerrar de ojos, nuestra nación pasará de ser la tierra de los libres al hogar de los desamparados. Antes de que salga el sol, pasará de ser una superpotencia global a una nación que se ahoga y lucha por sobrevivir... Será el rescate que Jesús hará de Su novia de este planeta rebelde lo que desatará la crisis, provocará

> el pandemonio público e inaugurará un momento sin precedentes en la historia humana.[18]

Por supuesto, el arrebatamiento podría ocurrir a la par de algunos de los otros escenarios descritos anteriormente, sumiendo a los grandes Estados Unidos en una caída libre sin paracaídas.

HAY QUE SEGUIR ADELANTE

Si bien nadie en la tierra sabe con certeza qué sucederá con Estados Unidos en los últimos tiempos, la falta de cualquier mención bíblica de la nación como un actor clave no es un buen augurio para la continuidad de la grandeza y el dominio estadounidenses.

Saber esto no debería hacer que nos rindamos y caigamos en el desaliento. Debemos continuar haciendo tres cosas principales. Primero, orar fervientemente por nuestra nación y sus líderes todos los días (1 Timoteo 2:1-2).

En segundo lugar, debemos esforzarnos por vivir una vida consagrada y justa, como sal y luz, en un mundo cada vez más decadente y oscuro. Proverbios 14:34 nos recuerda que «la justicia engrandece a la nación».

Tercero, Estados Unidos necesita mantener el apoyo a Israel, para así poder experimentar la promesa dada a quienes bendicen a Israel (Génesis 12:1-3). No me refiero a apoyar cada decisión que tome Israel. Es una nación gobernada por pecadores como el resto de nosotros. Lo que quiero decir es que debemos apoyar el derecho de Israel a su antigua patria. El presidente Trump ha honrado al pueblo judío reconociendo los Altos del Golán como parte del territorio israelí, declarando que los asentamientos israelíes en Cisjordania no violan el derecho internacional y poniendo fin a la guerra entre Israel y Gaza. A pesar de las deficiencias de Estados Unidos, creo que la mano de Dios permanece sobre nuestra nación, al menos hasta cierto punto, para apoyar a Israel.

Hacemos todas estas cosas mientras esperamos la Segunda Venida de Cristo. Nadie sabe cuándo vendrá. Necesitamos estar listos en todo tiempo y servirle de la manera que nos sea posible mientras podamos hacerlo.

CAPÍTULO 9

SI HOY FUERA EL ÚLTIMO DÍA DE TU VIDA

DE JOVEN, tenía un amigo cuya madre amaba los rompecabezas. Esos rompecabezas enormes y complicados con piezas muy pequeñas. Nunca fui lo suficientemente paciente como para armar un rompecabezas que tomara más de una hora, así que me sorprendían estos rompecabezas que llenaban una mesa entera en su sala de juegos durante meses mientras ella ponía cuidadosamente cada pieza en su lugar. Al observar el proceso, aprendí que un maestro de rompecabezas debe consultar la imagen en la parte superior de la caja como referencia para el producto final. Debes tener la imagen final a la vista. También aprendí que la mejor manera de construir un rompecabezas es comenzar con las piezas de las esquinas y los bordes para establecer un marco y luego trabajar hacia el centro.

Lo mismo ocurre con el rompecabezas profético de los últimos tiempos. La imagen de los últimos tiempos establecida en las Escrituras es la imagen en la parte superior de la caja. Cuando todas las piezas estén finalmente en su lugar, así se verá. Al mirar nuestro mundo de hoy, los eventos comienzan a coincidir estrechamente con la imagen en la caja del rompecabezas. Todas las piezas aún no están en su lugar, pero las esquinas y los bordes han tomado forma. El marco está preparado. El centro del rompecabezas está listo para ser completado.

Israel está de vuelta en su antigua patria después de casi dos mil años de dispersión. El antisemitismo está en aumento. Rusia está tomando relevancia. Irán se hace notar. Rusia, Irán y Turquía se alían por primera vez en la historia. La alianza de Ezequiel 38 se está desarrollando y profundizando. Irán, Israel y Estados Unidos han pasado del borde de la guerra, una guerra fría, a una guerra en bullición. Los eventos actuales se asemejan cada vez más al rompecabezas profético en Ezequiel 38 y 39 a medida que pasan los días.

Esto nos lleva a una pregunta clave: ¿cómo debemos vivir a la luz de lo que se está desarrollando en nuestro mundo? ¿A la luz de lo que se avecina? ¿Qué debemos hacer como cristianos? ¿Cómo podemos encontrar paz mientras las nubes de la tormenta se forman y asegurarnos de que estamos listos cuando Cristo venga? Muchas personas tienen la idea errónea de que la profecía bíblica no es relevante para la vida cotidiana, que no tiene aplicación práctica. No estoy de acuerdo. La profecía de la Biblia es sumamente relevante y práctica. Dios dio la profecía para cambiar nuestros corazones, no para llenar nuestras cabezas con conocimiento. La escatología conduce a una ética correcta. Creer que Cristo puede venir en cualquier momento debe cambiar lo que hacemos y lo que no hacemos.

Si bien hay muchas implicaciones prácticas de saber lo que viene, permíteme sugerirte cinco puntos simples y prácticos a tener en mente y que pueden marcar la diferencia en tu vida.

1. RECONOCE QUE LA BIBLIA CONTIENE LA VERDAD

Las personas no pueden resistir la tentación de tratar de pronosticar el futuro. Esta inclinación aumenta en los tiempos difíciles. Pero el historial del hombre prediciendo con precisión el futuro es muy corto. Ni siquiera sabemos qué pasará mañana. Pero la Biblia sí lo dice. Hay un viejo dicho: «Si quieres saber lo que sucedió ayer, lee el periódico; si quieres saber lo que sucedió hoy, escucha las noticias de la noche; si quieres saber lo que sucederá mañana, lee la Biblia». Como hemos visto, la Biblia es un libro de profecía. Se han cumplido cientos de profecías, muchas relacionadas con la antigua Persia, lo que hoy llamamos Irán.

Si bien el surgimiento del islam militante ha conmocionado y sorprendido a la mayoría de las personas, sorprendentemente, hace más de 2.500 años, Dios, a través del profeta Ezequiel, predijo el escenario exacto que vemos desarrollarse ante nuestros ojos todos los días en las noticias de la noche. Ezequiel 36–39 es «historia escrita de antemano». Predice la reunión del pueblo judío en su antigua patria, la animosidad que las naciones circundantes tendrán por Israel y la invasión de Israel por parte de esas naciones. Dios predijo todas estas cosas con una precisión increíble.

Siete veces en Ezequiel 38–39 leemos las mismas palabras: «Así dice el Señor DIOS» (38:3, 10, 14, 17; 39:1, 17, 25). Otras ocho veces vemos la frase: «declara el Señor DIOS». Obviamente, Dios quiere que tengamos esto claro: esta es Su Palabra. La predicción en Ezequiel 38–39 viene directamente de Él. Él es el autor del guion. La Biblia es verdadera. La profecía cumplida lo demuestra.

Podemos estar seguros de que las predicciones bíblicas que aún no se han cumplido se cumplirán. Asimismo, poseemos la certeza sobre la fiabilidad de las enseñanzas bíblicas respecto a Dios, Jesucristo, la salvación y el pecado; constituyen un fundamento sólido para nuestra propia existencia.

Por lo tanto, debes reconocer que la Biblia es verdadera y leerla regularmente. Sumérgete en su verdad y aplica sus instrucciones a tu vida diaria. Te cambiará por completo.

2. RECONOCE TU NECESIDAD DE CRISTO

La Biblia no solo predice con precisión el futuro, sino que también retrata con precisión la condición humana alejada de Dios. La inspirada e infalible Palabra de Dios diagnostica de manera veraz y transparente la condición de cada persona. Dice que todos hemos pecado y no estamos a la altura de la norma justa de Dios (Romanos 3:23). Esa es la mala noticia, la *muy* mala noticia. Toda persona en la tierra es pecadora y está separada de Dios. Constantemente nos quedamos lejos de la perfección. Nacemos con esa limitante. Y no hay nada que podamos hacer por nuestra cuenta con respecto a esta situación. No importa qué tanto vayamos a la iglesia, nuestras buenas obras, la ayuda a los pobres o la oración, nada de eso alcanza para ganar el perdón de nuestros pecados.

Tú y yo no podemos deshacernos ni de uno de nuestros pecados por nuestra cuenta, mucho menos de las miles de transgresiones que se acumulan a lo largo de nuestras vidas. La Biblia es clara en que nuestros pecados solo pueden ser lavados por la sangre de Jesucristo, es decir, Su muerte por nosotros. Su muerte en nuestro lugar.

Cristo es el único Mediador, el único intermediario capaz de borrar el abismo entre un Dios santo y un pueblo pecador. Él es tu única esperanza para llegar al cielo. Nadie estará en el cielo sin confiar personalmente en Él para su salvación.

Si nunca has recibido a Cristo como salvador de tus pecados, eso es lo primero que debes hacer antes de cualquier otra cosa. Él es la vida. Él es la verdad. Él es el camino al Padre. Aquí te comparto tres pasos simples para guiarte a confiar en Jesús.

Primero, *admite* que eres un pecador. Esto no debería ser demasiado difícil de hacer. Todos conocemos la culpa que sentimos al hacer cosas que lastiman a los demás o a nosotros mismos. Tú y yo sabemos que somos pecadores y que está en nuestra naturaleza.

En segundo lugar, *reconoce* que no puedes hacer nada para salvarte: necesitas un Salvador.

Tercero, *recibe* a Jesucristo como tu Salvador. Él es el Salvador que tanto necesitas. Recibe el pago que ofreció en la cruz por tus pecados. La Biblia dice que nos convertimos en hijos de Dios, parte de Su familia, al recibir a Cristo como nuestro Señor y Salvador (Juan 1:12-13).

¿Por qué no lo recibes ahora? ¿Por qué no recibir el perdón que Él compró para ti cuando murió en la cruz y resucitó al tercer día?

3. RECUERDA QUE DIOS TIENE EL CONTROL

En este tiempo, nuestro mundo parece estar fuera de control. Vivimos en un mundo donde las crisis llegan como lluvia. Abunda la violencia. La división es cada vez más grande. La deuda global crece como una bola de nieve. La tierra misma está gimiendo a medida que los desastres naturales se vuelven más constantes y destructivos. Problemas aparentemente sin solución afectan a nuestra nación y a la comunidad global.

El doctor David Jeremiah lo dijo bien: «Puedo entender por qué las personas tiemblan ante los titulares actuales. Las noticias diarias muestran una alarmante desintegración del orden y la seguridad mundial. Vemos un creciente desorden ahora y caos por delante, y nos preguntamos si Dios ha alejado Su rostro de nosotros».[1]

Luego contó esta historia graciosa:

> Hace algunos años, el difunto pastor Ray Stedman participó en una conferencia en Inglaterra. Cada sesión de la conferencia comenzaba con canciones. Una noche, el líder dirigía a los fieles en el coro «Nuestro Dios reina». Stedman miró la hoja con la letra de la canción, redactada por el personal de la iglesia. Lo que vio le hizo sonreír. Alguien, al tratar de escribir el título «Nuestro

Dios reina», en realidad había escrito «Nuestro Dios renuncia».

Jeremiah concluyó:

> Permíteme asegurarte que nuestro Dios nunca renunciará. Los que confiamos en Él no tenemos razón para temer. Cuando leemos Ezequiel 38–39, lo que se destaca es su soberanía. Él tiene el control. Dios prepara este escenario para demostrarle a Su pueblo, Israel, que Él es su Dios y que es digno de su confianza. Israel no tiene esperanza sin Dios, y Dios ganará la batalla por ellos. La impía Rusia no es rival para el Rey de reyes.
>
> El Dios de Israel es también nuestro Dios, lo que significa que nada de lo que temamos es rival para el Rey de reyes. Cuando parezca que no hay esperanza, la esperanza tan solo espera el momento adecuado para hacerse evidente. Podemos confiar en Dios.[2]

Ezequiel 38–39 revela que Dios está en control. Una y otra vez en estos capítulos, Dios deja en claro que Él está sobre todo. Si hay algo que aprendemos más que cualquier otra cosa de este pasaje, es que Dios está por encima de toda circunstancia. El control de Dios es evidente hasta tal punto que el profeta anima a los lectores diciéndoles el final de la historia incluso antes de que comience.[3] Él escribió el guion; Él reunió al elenco; Él se está asegurando de que el escenario esté perfectamente preparado para Su gran producción profética. Él es el director de la película.

Eso no solo es cierto para las naciones y los líderes; es cierto en todas nuestras vidas. En tu vida. En mi vida. Dios conoce el final de la historia antes de que comience. Él sabía el final de tu historia y de mi historia antes de que nuestras vidas comenzaran. El mismo Dios que sostiene todo el mundo en Sus manos, sostiene tu mundo en Sus manos. Dios está en control de tu vida. Y Su Hijo, Jesús, es el Señor. Él puede proveer para ti y protegerte en los problemas diarios y las turbulencias de la vida.

Me gusta la historia de un piloto de Nueva Zelanda llamado Owen B. Wilson, que quería hacer algo especial para el cumpleaños de su amigo. Wilson se ofreció a llevar a su amigo volando en su pequeño avión de dos asientos. Partieron un domingo por la tarde después de la iglesia y disfrutaron del esplendor de los paisajes de los campos y el mar que se desplegaban en un panorama ante ellos. En un momento dado, cruzaron una montaña alta, y el motor comenzó a fallar, para luego apagarse. Cuando el avión comenzó a perder altitud rápidamente, Wilson buscó un área para aterrizar, pero no vio nada más que la empinada ladera de la montaña. Cuando parecía que se estrellarían con una montaña, el pasajero de Wilson gritó: «¡Señor, por favor ayúdanos a superar esa empinada cornisa!».

Apenas rozaron la cresta y luego comenzaron a orar para que el Señor les mostrara un lugar para aterrizar de manera segura. En el último momento, cuando toda esperanza parecía perdida, vieron una pequeña franja de tierra casi escondida entre dos crestas. Se deslizaron por la estrecha abertura, aterrizaron y rebotaron hasta detenerse. Al unísono, los hombres gritaron: «¡Gracias, Señor!».

Mirando hacia arriba, justo enfrente de ellos, vieron un gran letrero de seis metros que decía: «¡Jesús es el Señor!».

Al final resultó que el campo era parte de un centro de retiro cristiano, lo que explicaba el letrero. Los propietarios salieron corriendo a recibir a sus visitantes inesperados y les dijeron que el campo normalmente estaba lleno de ganado, pero en este día, los animales estaban alineados a lo largo del borde del campo, como dándoles espacio para aterrizar.

Nuestro mundo está experimentando una gran inestabilidad. Lo mismo puede estar pasando en nuestra vida. A menudo nos encontramos volando hacia la turbulencia. A veces los motores dejan de funcionar. Las cosas pueden estar tan mal que nos encontramos preparándonos para un choque. Las circunstancias parecen desesperadas. Pero cualquiera que sea la situación, podemos descubrir la increíble verdad de que Jesús es el Señor.[4] Nuestro Dios está en control y Él está a cargo.

4. NO PIERDAS LA ESPERANZA

Hay muchas filosofías en competencia en el mundo, pero cuando las analizas, en realidad solo hay dos: la esperanza y la desesperación. Sin Jesucristo y Su Palabra, todas las demás filosofías terminan en una penumbra existencial.

Max Lucado comentó:

> Vivimos en tiempos de desesperanza. La tasa de suicidios en Estados Unidos ha aumentado un veinticuatro por ciento desde 1999. ¡Veinticuatro por ciento! Si una

> enfermedad viera tal aumento, la consideraríamos una epidemia. ¿Cómo explicamos ese aumento? Nunca hemos sido más educados. Tenemos herramientas tecnológicas que nuestros padres nunca habrían soñado. Estamos saturados de entretenimiento y diversión. Sin embargo, más gente que nunca está orquestando su propia muerte. ¿Cómo es eso posible?
>
> Quizás esta sea una de las respuestas: la gente se está muriendo por falta de esperanza. El secularismo cautiva la esperanza de la sociedad. Reduce el mundo a unas pocas décadas entre el nacimiento y el ataúd. Mucha gente piensa que nada es mejor que este mundo y, seamos objetivos, no es tan bueno.
>
> Sin embargo, la gente de la promesa tiene una ventaja... Ven la vida a través de las promesas de Dios.[5]

Esa es una gran descripción de aquellos que conocen a Jesucristo: «La gente de la promesa». Dios le ha dado a Su pueblo muchas promesas preciosas para fortalecernos contra el desaliento y la desesperación. Según un recuento, hay 7.487 promesas en la Biblia. La Biblia es un libro de profecía, pero también es un libro de promesas, y a menudo las dos están estrechamente relacionadas.

Una de las mayores profecías de las Escrituras que también es una promesa, proviene de Jesús. Nada es más alentador y emocionante que la promesa de que Cristo regresará para llevar a Su pueblo al cielo para estar con Él.

> No se turbe su corazón crean en Dios, crean también en Mí. En la casa de Mi Padre hay muchas moradas; si no fuera así, se lo hubiera dicho; porque voy a preparar un lugar para ustedes. Y si me voy y les preparo un lugar, vendré otra vez y los tomaré adonde Yo voy; para que donde Yo esté, allí estén ustedes también. (Juan 14:1-3)

Se ha dicho correctamente que la esperanza es «el oxígeno del alma». Eso es cierto. La gran esperanza para este mundo es la «esperanza bendita» de la Segunda Venida de Cristo. Él vendrá a arrebatar a Su pueblo al cielo para rescatarnos del tiempo de tribulación en la tierra. Luego, después de que la Gran Tribulación haya seguido Su curso, regresaremos con Jesús a la tierra, y Él establecerá Su gobierno y reinará en ella. La tierra será restaurada al plan original de Dios. El mundo nunca encontrará la paz a través de la diplomacia y la negociación. La paz solo se logrará cuando el Príncipe de Paz parta el cielo para regresar a la tierra.

Lo emocionante de la promesa de la venida de Cristo es que Él puede regresar en cualquier momento. Quizá no venga en diez años, pero podría venir hoy. Como seguidores de Jesús, podemos levantarnos todas las mañanas y decir: «Tal vez hoy sea el día». Tal vez hoy sea el día en que Cristo regrese.

Esta es nuestra esperanza. Al final de todo, es nuestra única esperanza. Una vez escuché a alguien decir: «La vida con Cristo es una esperanza sin fin, sin Él es un final sin esperanza». Asegúrate de tener a Jesús y de tener una esperanza interminable cuando venga.

5. HABLA DE JESÚS CON OTROS

Cuando estamos rodeados de problemas y atemorizados por el futuro, podemos sucumbir fácilmente a pensar solo en nosotros y vivir siempre pensando en nuestros asuntos. Podemos agotar nuestro tiempo y energía en nosotros mismos. Además, al mirar lo que está por venir, podemos centrarnos tanto en el futuro y las profecías, que perdemos nuestra pasión por llegar a aquellos que nunca han recibido la verdad del evangelio. Podemos quitar la vista del objetivo.

En sus libros y sermones, Vance Havner a menudo advertía a los creyentes que no se enredaran tanto en los detalles de la profecía de la Biblia como para olvidar su responsabilidad de ganar almas para Cristo. En su libro *It Is Time* [Es hora], Havner escribió:

> Sé que algunos siempre están estudiando el significado del cuarto dedo del pie derecho de alguna bestia en la profecía, pero nunca han usado ninguno de sus pies para ir y llevar a los hombres a Cristo. No sé quién es el 666 en Apocalipsis, pero sé que el mundo está enfermo, enfermo, enfermo y la mejor manera de acelerar el regreso del Señor es ganar más almas para Él.[6]

En todas las cosas que hacemos mientras esperamos la Segunda Venida de Cristo, nada es más importante y urgente que difundir el mensaje del evangelio. Cristo puede venir en cualquier momento, y las señales se multiplican para indicar que Su venida podría ser muy pronto. Las Escrituras incluso vinculan nuestros esfuerzos evangelísticos con la Segunda Venida de Cristo. Al alcanzar a los perdidos, aceleramos Su venida (2 Pedro 3:9, 12).

Desde cualquier punto de vista, el tiempo se está agotando. Necesitamos un sentido de urgencia para llegar a las personas que están perdidas e impulsar el avance del evangelio en todos los lugares, incluido el caótico Medio Oriente. En este libro, hemos hablado mucho sobre el régimen que lidera Irán, la amenazante mulocracia. Son malvados y están hambrientos de poder. Sin embargo, no queremos confundir los poderes en Irán con el pueblo de Irán. Estamos llamados a amar a las personas que están atrapadas en un lugar oscuro. No quiero que nada en este libro sea malinterpretado o malentendido como si hubiera malicia hacia los ciudadanos iraníes. Dios ama al pueblo de Irán. Jesús murió por ellos. Necesitamos orar por ellos y hacer todo lo posible para ver la luz del evangelio romper en medio de la oscuridad.

Según muchas fuentes, el evangelio se está expandiendo rápidamente en el Medio Oriente, especialmente en Irán. Muchos creen que la iglesia en Irán es el segmento de más rápido crecimiento en el mundo.[7] A medida que el pueblo iraní ve de primera mano el vacío del islam y la oscuridad del régimen de los mulás, se están volviendo en masa a la luz del evangelio. Los musulmanes iraníes están corriendo a Cristo en números récord. Lo que está sucediendo espiritualmente en Irán es tan significativo y revolucionario que se le ha llamado «el despertar iraní» y una «explosión». La reciente inestabilidad y las derrotas militares de Irán solo han acelerado esta hambre espiritual entre el pueblo iraní.

Que el Señor nos ayude a seguir orando por el pueblo iraní, por todos aquellos en el Medio Oriente, y por los obreros cristianos que están trabajando allí en circunstancias difíciles y peligrosas para llevarles el evangelio de Jesucristo. Puede que quede poco tiempo.

VIVE SIEMPRE ATENTO

Los eventos se están desarrollando hoy en el Medio Oriente, Irán e Israel a una velocidad impresionante. Los giros y vueltas inesperados son la nueva norma. Puede parecer que no hay razón para todo lo que sucede. Pero de acuerdo con la Palabra de Dios, todo es parte de la preparación para el fin de los tiempos predicho en la Biblia.

Las nubes de tormenta se están acumulando. La tormenta persa pronosticada ha sido confirmada.

Cristo podría volver en cualquier momento.

Asegúrate de conocerlo. No dudes que vendrá por ti.

Aprovecha las oportunidades que tienes antes de que se te escapen.

Permanece fiel en un mundo cada vez más infiel y temeroso. Permanece fiel a Jesús, a Su Palabra y a Su llamado a alcanzar a las naciones con el misericordioso evangelio de la vida y la paz. Vive cada día alerta, consciente y activo.

Cristo viene. Tal vez muy pronto. Tal vez hoy mismo.

ANEXO: EZEQUIEL 38 Y 39

EZEQUIEL 38

Y vino a mí la palabra del Señor: «Hijo de hombre, pon tu rostro hacia Gog, de la tierra de Magog, príncipe supremo de Mesec y Tubal, y profetiza contra él, y di: "Así dice el Señor Dios: 'Yo estoy contra ti, oh Gog, príncipe supremo de Mesec y Tubal. Te haré dar vuelta, pondré garfios en tus quijadas y te sacaré con todo tu ejército, caballos y jinetes, todos ellos bien equipados; una gran compañía con broquel y escudo, todos ellos empuñando espada; Persia, Etiopía y Fut con ellos, todos con escudo y casco; Gomer con todas sus tropas, Bet Togarmá, de las partes remotas del norte, con todas sus tropas; muchos pueblos están contigo.

'Disponte y prepárate, tú y toda la multitud que se ha reunido alrededor tuyo, y sé para ellos guarda. Después de muchos días recibirás órdenes; al fin de los años vendrás a la tierra recuperada de la espada, *cuyos habitantes* han sido recogidos de muchas naciones en los montes de Israel, que habían sido una desolación continua. *Este pueblo* fue sacado de entre las naciones y habitan seguros todos ellos.

Tú subirás y vendrás como una tempestad; serás como una nube que cubre la tierra, tú y todas tus tropas, y muchos pueblos contigo'.

"Así dice el Señor Dios: 'Sucederá en aquel día que pensamientos vendrán a tu mente y concebirás un plan malvado, y dirás: "Subiré contra una tierra indefensa. Iré *contra* los que *viven* tranquilos, que habitan confiados, que habitan todos ellos sin murallas, sin cerrojos ni puertas; para tomar botín y para proceder al saqueo, para volver tu mano contra los lugares desolados, ahora poblados, y contra el pueblo reunido de entre las naciones, que ha adquirido ganado y posesiones, que habita en medio de la tierra". Sabá y Dedán, y los mercaderes de Tarsis con todos sus pueblos te dirán: "¿Has venido para tomar botín? ¿Has reunido tu compañía para saquear, para llevar plata y oro, para llevar ganado y posesiones, para tomar gran botín?"'".

»Por tanto, profetiza, hijo de hombre, y dile a Gog: "Así dice el Señor Dios: 'En aquel día cuando Mi pueblo Israel habite seguro, ¿no lo sabrás tú? Vendrás de tu lugar de las partes remotas del norte, tú y mucha gente contigo, todos montados a caballo, una gran multitud y un poderoso ejército; y subirás contra Mi pueblo Israel como una nube para cubrir la tierra. Sucederá en los postreros días que te traeré contra Mi tierra, para que las naciones me conozcan cuando Yo sea santificado por medio de ti ante sus ojos, oh Gog'.

"Así dice el Señor Dios: '¿Eres tú aquel de quien hablé en tiempos pasados por medio de Mis siervos los profetas de Israel, que profetizaron en aquellos días, durante años, que Yo te traería contra ellos? Sucederá en aquel día cuando venga Gog contra la tierra de Israel', declara el Señor Dios, 'que subirá mi furor y Mi ira. Y en Mi celo y en el fuego de Mi furor declaro *que* ciertamente en aquel día habrá un gran terremoto en la tierra de Israel. Los peces del mar, las aves del cielo, las bestias del campo y todos los animales que se arrastran sobre la tierra, y todos los hombres sobre la superficie de la tierra temblarán en Mi presencia; también se derrumbarán los montes, se desplomarán los precipicios y todo muro caerá por tierra. En todos Mis montes llamaré la espada contra Gog', declara el Señor Dios. 'La espada de cada cual se volverá contra su hermano. Con pestilencia y con sangre haré juicio contra él; haré caer una lluvia torrencial, y piedras de granizo, fuego y azufre sobre él, sobre sus tropas, y sobre los muchos pueblos que están con él. Y mostraré Mi grandeza y santidad, y me daré a conocer a los ojos de muchas naciones; y sabrán que Yo soy el Señor'".

EZEQUIEL 39

»Y tú, hijo de hombre, profetiza contra Gog, y di: "Así dice el Señor Dios: 'Yo estoy contra ti, Gog, príncipe supremo de Mesec y Tubal. Te haré dar vuelta y te empujaré, te recogeré de las partes remotas del norte y te traeré contra los montes de Israel. Romperé el arco de tu mano izquierda, y derribaré las flechas de tu mano derecha. Sobre los montes de Israel caerás, tú y todas tus tropas y los pueblos que están contigo. Te daré por comida a toda clase de ave de rapiña y a las bestias del campo. Sobre el campo abierto caerás; porque soy

Yo el que ha hablado', declara el Señor Dios. 'Enviaré fuego sobre Magog y sobre los que habitan seguros en las costas; y sabrán que Yo soy el Señor.

'Daré a conocer Mi santo nombre en medio de Mi pueblo Israel, y nunca más permitiré que Mi santo nombre sea profanado; y sabrán las naciones que Yo soy el Señor, el Santo en Israel. Ciertamente viene y se cumplirá', declara el Señor Dios. 'Este es el día del cual he hablado.

'Entonces saldrán los habitantes de las ciudades de Israel y harán hogueras con las armas, y quemarán escudos, broqueles, arcos y flechas, mazos y lanzas, y harán fuego con ellos durante siete años. No tomarán leña del campo ni la recogerán de los bosques, porque harán hogueras con las armas; despojarán a sus despojadores y saquearán a sus saqueadores', declara el Señor Dios.

'Y sucederá en aquel día que daré a Gog un lugar para sepultura allí en Israel, el valle de los que pasan al oriente del mar, y cortará el paso a los viajeros. Allí enterrarán a Gog con toda su multitud, y lo llamarán el valle de Hamón Gog. Durante siete meses la casa de Israel los estará enterrando para limpiar la tierra. Todo el pueblo de la tierra los enterrará; y será para ellos memorable el día en que Yo me glorifique', declara el Señor Dios. 'Escogerán hombres que constantemente recorran la tierra y entierren a los que pasen, a los que queden sobre la superficie de la tierra, para limpiarla. Después de siete meses harán un reconocimiento. Cuando pasen los que recorran la tierra, el que vea un hueso humano pondrá señal junto a él, hasta que los sepultureros lo entierren en el valle de Hamón Gog. Y el nombre de la ciudad será Hamona; y dejarán limpia la tierra'".

»En cuanto a ti, hijo de hombre, así dice el Señor Dios: "Dile a toda clase de ave y a toda bestia del campo: 'Congréguense y vengan, júntense de todas partes al sacrificio que voy a preparar para ustedes, un gran sacrificio sobre los montes de Israel, y comerán carne y beberán sangre. Comerán carne de poderosos y beberán sangre de los príncipes de la tierra, como si fueran carneros, corderos, machos cabríos y toros, engordados todos en Basán. Comerán grasa hasta que se harten, y beberán sangre hasta que se embriaguen, del sacrificio que he preparado para ustedes. En mi mesa se hartarán de caballos y jinetes, de poderosos y de todos los hombres de guerra', declara el Señor Dios.

'Pondré Mi gloria entre las naciones; y todas las naciones verán el juicio que he hecho y Mi mano que he puesto sobre ellos. La casa de Israel sabrá que Yo soy el Señor su Dios desde ese día en adelante. Las naciones sabrán que la casa de Israel fue al cautiverio por su iniquidad porque actuaron pérfidamente contra Mí; escondí, pues, Mi rostro de ellos, los entregué en manos de sus adversarios y todos ellos cayeron a espada. Conforme a su inmundicia y conforme a sus transgresiones, así los traté, y de ellos escondí Mi rostro'"».

Por tanto, así dice el Señor Dios: «Ahora restauraré el bienestar de Jacob, y tendré misericordia de toda la casa de Israel, y me mostraré celoso de Mi santo nombre. Y ellos olvidarán su ignominia y todas las infidelidades que cometieron contra Mí, cuando habiten seguros en su tierra sin que nadie los atemorice. Cuando Yo los traiga de entre los pueblos y los reúna de las tierras de sus enemigos, seré santificado en ellos ante los ojos de muchas naciones. Entonces sabrán que Yo soy el Señor su Dios, porque los hice ir al cautiverio entre las naciones, y después los reuní de nuevo en su propia tierra, sin dejar allá a ninguno de ellos. No les ocultaré más Mi rostro, porque habré derramado Mi Espíritu sobre la casa de Israel», declara el Señor Dios.

SOBRE EL AUTOR

MARK HITCHCOCK es autor de cuarenta libros relacionados con la profecía bíblica. Obtuvo sus títulos de maestría en teología (ThM) y doctorado (PhD) en el Seminario Teológico de Dallas, donde actualmente se desempeña como catedrático de investigación en exposición bíblica. Vive en Edmond, Oklahoma, con su esposa Cheryl y es el pastor principal de *Faith Bible Church*. Él y su esposa tienen dos hijos casados y siete nietos.

REFERENCIAS

COMUNICADO URGENTE

1. «Live—Iran Says Ready for War After Trump Moots 'Very Strong' Military Options», *Iran International*, 12 enero 2026, https://www.iranintl.com/en/liveblog/202601054803.
2. «Iran: Deaths and Injuries Rise amid Authorities' Renewed Cycle of Protest Bloodshed», *Amnistía Internacional*, 8 enero 2026, https://www.amnesty.org/es/latest/news/2026/01/iran-deaths-injuries-authorities-protest-bloodshed/
3. «Iran Protests Spread, Death Toll Mounts amid Internet Blackout», *CNN*, 10 enero 2026, https://edition.cnn.com/world/live-%20news/iran%20-%20protests%20-01%E2%80%9310%E2%80%9326.
4. «Iran Demonstrations Against Regime Continue as Ayatollah, State Media Rail Against 'Terrorist Agents'», CBC News, 9 enero 2026, https://www.cbc.ca/news/world/iran-protests-friday-pahlavi-9.7039231.
5. «Live—Iran Says Ready for War».

INTRODUCCIÓN

1. Daniel Byman et al., «Hamas's October 7 Attack: Visualizing the Data», *Center for Strategic & International Studies / CSIS*, 19 diciembre 2023, https://www.csis.org/analysis/hamass-october-7-attack-visualizing-data.
2. «Hostilities in the Gaza Strip and Israel—Situation Report», *Oficina de Naciones Unidas para la Coordinación de Asuntos Humanitarios (OCHA)*, enero 2025, https://www.ochaopt.org.
3. «Israel Says Airstrike Killed Hezbollah Chief Hassan Nasrallah in Beirut», *Reuters World News*, 27 septiembre 2024, https://www.reuters.com/world/middle/.
4. «Syria Situation Report: Collapse of Assad Regime and Rebel Advance into Damascus», *Institute for the Study of War (ISW)*, diciembre 2024, https://understandingwar.org/.
5. «Iran Launches Massive Missile and Drone Attacks on

Israel in April and October 2024», Janes.com, octubre 2024, https://www.janes.com/.

6. Andie Parry et al., «Iran Update Special Report, June 14, 2025, Morning Edition», *Institute for the Study of War (ISW)*, 14 junio 2025, https://understandingwar.org/research/middle- east/iran- update- special- report- june-14–2025-morning- edition/.
7. Claire Mills y John Curtis, «Israel-Iran 2025: Developments in Iran's Nuclear Programme and Military Action», *UK Parliament*, 24 junio 2025, https://commonslibrary.parliament.uk/research- briefings/cbp-10284/.
8. Tammy Bruce, «Department Press Briefing–June 24, 2025», *Departamento de Estado (DOS)*, 24 junio 2025, https://www.state.gov/briefings/department-press-briefing-june-24–2025/.
9. David Albright et al., «Analysis of IAEA Iran Verification and Monitoring Report—May 2025», *Institute for Science and International Security*, 9 junio 2025, https://isis-online.org/isis-reports/analysis-of-iaea-iran-verification-and-monitoring-report-may-2025/.
10. Francois Murphy, «Damning IAEA Report Spells Out Past Secret Nuclear Activities in Iran», *Reuters*, 31 mayo 2025, https://www.reuters.com/world/china /iaea-report-say-iran-had-secret-activities-with-undeclared-nuclear-material-2025–05–31/.
11. David Albright, «Iranian Breakout Timelines Under JCPOA-Type Limits», *Institute for Science and International Security*, 6 mayo 2025, https://isis- online.org/isis-reports/iranian-breakout-timelines-under-jcpoa-type-limits.
12. Mills y Curtis, «Israel-Iran 2025».
13. Francesca Chambers, «Netanyahu Says Iran Could Produce a Nuclear Weapon 'In a Very Short Time'», *USA Today*, 13 junio 2025, https://www.usatoday.com/story/news/world/2025/06/12/netanyahu-iran-nuclear-weapon-strike/84177809007/.
14. Ashwin Raghuraman y Davronbek Mamasoliev, «Iran's Proxy Network Strategy in the Middle East», *IAIS Research Nexus* 1, 4, (2025), https://www.iais.uz/upload/outputdocument/20-06-2025/Iran%E2%80%99s%20Proxy%20Network%20Strategy%20in%20the%20Middle%20East.pdf
15. Charles Dyer y Mark Tobey, *Clash of Kingdoms: What the Bible Says About Russia, ISIS, Iran, and the End Times* (Nashville: Thomas Nelson, 2017), pp. 42–44. Nota: la situación política de Siria ha experimentado cambios drásticos, afectando significativamente la posición estratégica de Irán en ese país, aunque Irán continúa buscando influencia en toda la región.

CAPÍTULO 1

1. «Qassem Soleimani: US Strike Kills Top Iranian General», *BBC News*, 3 enero 2020, https://www.bbc.com/news/world-middle-east-50979463.
2. Barbara Starr y Ryan Browne, «More Than 100 US Troops Diagnosed with Brain Injuries from IRAN Attack», *CNN*, 10 febrero 2020, https://www.cnn.com/2020/02/10/politics/us-troops-brain-injuries-iran-attack/index.html.
3. «Iran Has a Hit List of Former Trump Aides. The U.S. Is Scrambling to Protect Them», *Politico*, 11 octubre 2024, https://www.politico.com/news/2024/10/11/iran-trump-assassination-plans-00183488.
4. *Encyclopaedia Britannica*, voz «Israel-Hamas War», 12 octubre 2025, https://www.britannica.com/event/Israel-Hamas-War.
5. «Iran Launches Missile and Drone Attack on Israel», *BBC News*, 14 abril 2024, https://www.bbc.com/news/world-middle-east-68820806.
6. Ali Fathollah-Nejad, «The 12 Days of War That Didn't Ignite the Middle East or the World», *War on the Rocks*, 8 octubre 2025, https://warontherocks.com/2025/10/the-12-days-of-war-that-didnt-ignite-the-middle-east-or-the-world/.
7. «U.N. Nuclear Watchdog Says Iran Could Enrich Uranium Again in 'a Matter of Months,'», *NPR.org*, 29 junio 2025, https://www.npr.org/2025/06/29/nx-s1–5450282/u-n-nuclear-watchdog-says-iran-could-enrich-uranium-again-in-a-matter-of-months.
8. «What We Know about the Iran-Israel Ceasefire», *BBC News*, 24 junio 2025, https://www.bbc.com/news/articles/czjk3kxr3zno.
9. «Iran Moved 400 kg of Enriched Uranium Before US Strikes, Say Israeli Military Officials», *Organiser,* 23 junio 2025, https://organiser.org/2025/06/23/298838/world/iran-moved-400-kg-of-enriched-uranium-before-us-strikes-say-israeli-military-officials/.
10. Paul K. Kerr, «Iran and Nuclear Weapons Production», *Congress.gov,* 24 junio 2025, https://www.congress.gov/crs-product/IF12106.
11. Valerie Lincy y Gary Milhollin, «Iran's Nuclear Timetable: The Weapon Potential», *Iran Watch,* 11 junio 2025, https://www.iranwatch.org/our-publications/articles-reports/irans-nuclear-timetable-weapon-potential.
12. Mills y Curtis, «Israel-Iran 2025».
13. Heather Williams y Joseph S. Bermudez Jr., «Damage to Iran's Nuclear Program—Can It Rebuild?», *CSIS,* 13 agosto 2025, https://www.csis.org/analysis/damage-irans-nuclear-program-can-it-rebuild.

14. «U.N. Nuclear Watchdog Says Iran Could Enrich Uranium Again in 'a Matter of Months,'», *National Public Radio*, 29 junio 2025, https://www.npr.org/2025/06/29/nx-s1–5450282/u-n-nuclear-watchdog-says-iran-could-enrich-uranium-again-in-a-matter-of-months.
15. Suzanne Maloney, «The Path Forward on Iran and Its Proxy Forces», *Brookings,* 1 marzo 2024, https://www.brookings.edu/articles/the-path-forward-on-iran-and-its-proxy-forces/.
16. «Briefing on the Iranian Attacks on Saudi Oil Facilities», *Departamento de Estado de los Estados Unidos,* 18 septiembre 2019, https://2017–2021.state.gov/briefing-on-the-iranian-attacks-on-saudi-oil-facilities/index.html.
17. «Saudi Oil Attacks: Drone Strikes Knock Out Half of Saudi Arabia's Oil Supply», *BBC News,* 14 septiembre 2019, https://www.bbc.com/news/world-middle-east-49699429.
18. Lojien Ben Gassem y Noor Nugali, «Saudi Arabia's Defense Ministry Displays Iranian Drones, Cruise Missiles Used in Aramco Attacks», *Arab News,* 18 septiembre 2019, https://www.arabnews.com/node/1556271/saudi-arabia.
19. Heather Williams y Joseph S. Bermudez Jr., «Damage to Iran's Nuclear Program—Can It Rebuild?», *Center for Strategic and International Studies,* 13 agosto 2025, https://www.csis.org/analysis/damage-irans-nuclear-program-can-it-rebuild.
20. Mehdi Khalaji, «Apocalyptic Politics: On the Rationality of Iranian Policy», *Washington Institute for Near East Policy,* https://www.washingtoninstitute.org/policy-analysis/apocalyptic-politics.
21. Michael Doran, «The Theology of Iranian Power», *Brookings Institution,* 14 febrero 2022, https://www.brookings.edu/articles/the-theology-of-iranian-power.
22. Ray Takeyh, *Guardians of the Revolution: Iran and the World in the Age of the Ayatollahs* (Oxford: Oxford University Press, 2009), pp. 210-213.
23. Ali Alfoneh, *Iran Unveiled: How the Revolutionary Guards Is Transforming Iran from Theocracy into Military Dictatorship* (Washington: AEI Press, 2013), pp. 95-98.
24. Michael Rubin, «Iran's Apocalyptic Ideology and the Threat to the West», *American Enterprise Institute,* 10 abril 2024, https://www.aei.org/articles/irans-apocalyptic-ideology-and-the-threat-to-the-west.
25. Maya Gebeily y Timour Azhari, «Syrian Rebels Topple Assad Who Flees to Russia in Mideast Shakeup», *Reuters,* 8 diciembre 2024, https://www.reuters.com/world/middle-east/syria-rebels-celebrate-captured-homs-set-sights-damascus-2024–12–07/.

26. «The Israel-Iran Conflict: Q&A with RAND Experts», *RAND.org,* 16 junio 2025, https://www.rand.org/pubs/commentary/2025/06/the-israel-iran-conflict-qa-with-rand-experts.html.
27. Ellie Geranmayeh, «Israel and Iran on the Brink: Preventing the Next War», *EU Institute for Security Studies,* 3 octubre 2025, https://www.iss.europa.eu/publications/briefs/israel-and-iran-brink-preventing-next-war.
28. Adlil Rasheed, «How Imminent Is the Next Israel–Iran War», *Institute for Defence Studies and Analyses,* 1 septiembre 2025, https://www.idsa.in/publisher/comments/how-imminent-is-the-next-israel-iran-war.
29. Yaakov Amidror, «Israel and Iran on a Collision Course», *Jerusalem Institute for Strategy and Security,* 3 julio 2025, https://jiss.org.il/en/amidror-israel-and-iran-on-a-collision-course.
30. Shane Harris y John Hudson, «A Weakened Iran Could Turn to Assassination and Terrorism to Strike Back», *Washington Post,* 23 junio 2025.

CAPÍTULO 2

1. John McCain, interview on *Meet the Press,* NBC, 9 abril 2006.
2. «Khamenei: Israel a 'Cancerous Tumor' That 'Will Undoubtedly Be Uprooted'», *Times of Israel,* 4 junio 2018, https://www.timesofisrael.com/khamenei-account-suspended-after-tweet-of-trump-golfing-under-warplane-shadow/.
3. «Iran Announces It Will No Longer Abide by Nuclear Deal Restrictions», *Reuters,* 5 enero 2020.
4. Valerie Lincy y Gary Milhollin, «Iran's Nuclear Timetable: The Weapon Potential», *Iran Watch,* 11 junio 2025, https://www.iranwatch.org/our-publications/articles-reports/irans-nuclear-timetable-weapon-potential.
5. «Implementation of the NPT Safeguards Agreement in the Islamic Republic of Iran, GOV/2003/32» *Organismo Internacional de Energía Atómica,* 2025 2 abril 2026, https://www.iaea.org/sites/default/files/documents/gov2003-40.pdf.
6. John Mecklin, ed., «It Is Now 85 Seconds to Midnight», *Bulletin of the Atomic Scientists,* 27 enero 2026, https://thebulletin.org/doomsday-clock/current-time/.
7. Josh Weiner, «North Korea Reportedly Offers to Provide Nuclear Weapons to Iran—A Global Red Line Crossed», *Washington Morning,* 22 junio 2025, https://washingtonmorning.com/2025/06/22/north-korea-reportedly-offers-to-provide-nuclear-weapons-to-iran-a-global-red-line-crossed/.

8. Yaakov Amidror, citado en varios análisis sobre las ambiciones nucleares de Irán y su estrategia regional, 2019–2020.
9. Ali Fathollah-Nejad, «The 12 Days of War That Didn't Ignite the Middle East or the World», *War on the Rocks*, 8 octubre 2025, https://warontherocks.com/2025/10/the-12-days-of-war-that-didnt-ignite-the-middle-east-or-the-world/.
10. «U.N. Nuclear Watchdog Says Iran Could Enrich Uranium Again», *National Public Radio*, 29 junio 2025, https://www.npr.org/2025/06/29/nx-s1-5450282/u-n-nuclear-watchdog-says-iran-could-enrich-uranium-again-in-a-matter-of-months.
11. Ayatollah Ali Khamenei, publicación en X, noviembre 2024.
12. Ayatollah Ali Khamenei, declaración tras ataques israelíes, junio 2025.
13. Jeffery Goldberg, «The Iranian Regime on Israel's Right to Exist», *Atlantic*, 9 marzo 2015, https://www.theatlantic.com/international/archive/2015/03/Iranian-View-of-Israel/387085/.
14. «Israel Should Be Annihilated, Iranian Official Says», *Jerusalem Post*, 25 agosto 2015, https://www.jpost.com/Middle-East/Iran/Israel-should-be-annihilated-Iranian-official-says-413212.
15. Ebrahim Raisi, citado en «Iran's Raisi Hails Hamas Attack as 'Turning Point'», *Al Jazeera*, 8 octubre 2023.
16. «NPT Safeguards Agreement with the Islamic Republic of Iran, GOV/2025/23» *Organismo Internacional de Energía Atómica*, 2025, https://www.iaea.org/sites/default/files/25/05/gov2025%E2%80%9325.pdf.
17. Valerie Lincy y Gary Milhollin, «Iran's Nuclear Timetable: The Weapon Potential», *Iran Watch*, 11 junio 2025, https://www.iranwatch.org/our- publications/articles- reports/irans- nuclear - timetable - weapon - potential.
18. Mills y Curtis, «Israel-Iran 2025».
19. Kelsey Davenport, «Iran's Nuclear Program: Status and Concerns», *Arms Control Association*, junio 2025, https://www.armscontrol.org/factsheets/iranprofile.
20. Michael Starr, «UK Parliamentary October 7 Report: Largest Loss of UK Life in Middle East Terrorist Attack», *Jerusalem Post*, 18 marzo 2025, https://www.jpost.com/diaspora/article-846615.
21. Ben Hubbard y Raja Abdulrahim, «Assad's Fall Reshapes Middle East Power Dynamics», *New York Times*, 9 diciembre 2024.
22. Isabel Kershner y Ronen Bergman, «Israel Strikes Iranian Nuclear Facilities in Risky Gambit», *New York Times*, 14 junio 2025.
23. «IAEA Chief: Iran Could Be Enriching Uranium Within Months»,

Reuters, 29 junio 2025, https://www.reuters.com/world/middle-east/iaea-chief-says-iran-could-be-enriching-uranium-within-months-2025-06-29/.

24. «Iran-Israel Ceasefire: Fragile Peace After Nuclear Strikes», *Wall Street Journal,* 25 junio 2025.
25. Lela Gilbert, «Iran's Aggression and the Shi'ite Apocalypse», *Jerusalem Post,* 17 agosto 2019, https://www.jpost.com/Opinion/Irans-aggression-and-the-Shiite-apocalypse-598904.
26. Salman Masalha, «Iran's Messianic War», *Middle East Transparent,* 6 enero 2018, https://middleeasttransparent.com/irans-messianic-war/.
27. «Jack Cohen–The Shi'ite Apocalyptic Vision», 21 agosto 2019, https://israelseen.com/2019/08/21/jack - cohen- the- shite-apocalyptic- vision/. El siguiente es un excelente resumen de la diferencia entre el islam chiita y sunita: el chiismo surge desde los inicios del islam, cuando tras la muerte de Mahoma en el 632 no se había designado un sucesor. Como resultado, sus seguidores inmediatos decidieron elegir a Abu Bakr como califa, tanto líder espiritual como político. Estos se convirtieron en los musulmanes sunitas. Sin embargo, muchos creían que su sucesor debía ser un pariente de sangre, y su único familiar directo sobreviviente era su nieto, Alí, hijo de su hija Fátima y yerno de Hussein. Sus seguidores se convirtieron en chiitas. Tras la muerte de Mahoma, los musulmanes sunitas levantaron un ejército y comenzaron una serie de conquistas, incluyendo Damasco en 634, Jerusalén en 639 y el norte de África en 652. El inevitable conflicto entre sunitas y chiitas ocurrió en Kerbala, en lo que hoy es Irak, en el año 680, cuando el ejército chiita bajo el mando de Alí fue derrotado por un ejército sunita mucho mayor liderado por el califa. Desde entonces, los chiitas han sido una minoría perseguida dentro del islam que desarrolló su propia cultura. Aunque existen varias subramas del islam chiita, la mayoría —y la practicada en Irán— es conocida como el «chiismo duodecimano». Ellos creen que, tras la muerte de Alí, hubo diez imanes más, descendientes suyos, que en su mayoría vivieron en secreto. El duodécimo imán es el Mahdi o salvador (claramente derivado del concepto judío del Mesías que los cristianos también adoptaron), conocido como el Imán Oculto. Los chiitas duodecimanos, es decir, los iraníes y sus representantes, creen que en el fin de los tiempos, cuando aparezca el Imán Oculto, habrá un conflicto apocalíptico entre los creyentes musulmanes (los chiitas) y los infieles, del cual los chiitas saldrán vencedores.

28. Masalha, «Iran's Messianic War».
29. Hubbard y Abdulrahim, «Assad's Fall Reshapes Middle East Power Dynamics».

CAPÍTULO 3

1. *Diccionario de la lengua española,* «apuro», https://dle.rae.es/apuro.
2. Phillip Brown et al., «Iran Conflict and the Strait of Hormuz: Oil and Gas Market Impacts», *Congress.gov,* https://www.congress.gov/crs-product/R45281.
3. «Iran Tanker Seizure: What Is the Strait of Hormuz?», *BBC News,* 29 julio 2019, https://www.bbc.com/news/world-middle-east-49070882.
4. «Iran Tanker Seizure».
5. Nasser Karimi y Jon Gambrell, «China, Iran and Russia Hold Joint Naval Drills in Mideast», *DefenseNews,* 11 marzo 2025, https://www.defensenews.com/global/mideast-africa/2025/03/11/china-iran-and-russia-hold-joint-naval-drills-in-mideast/.
6. Ramtin Arablouei y Rund Abdelfatah, «Remembering the 'Tanker War' of the 1980s», *NPR,* 1 agosto 2019, https://www.npr.org/2019/08/01/747170673/remembering-the-tanker-war-of-the-1980s.
7. «Iran Launches Missile and Drone Attack on Israel», *BBC News,* 14 abril 2024, https://www.bbc.com/news/world-middle-east-68820806.
8. Ali Fathollah-Nejad, «The 12 Days of War That Didn't Ignite the Middle East or the World», *War on the Rocks,* 8 octubre 2025, https://warontherocks.com/2025/10/the-12-days-of-war-that-didnt-ignite-the-middle-east-or-the-world/.
9. «What We Know About the Iran-Israel Ceasefire», *BBC News,* 24 junio 2025, https://www.bbc.com/news/articles/czjk3kxr3zno.
10. «What Is the Strait of Hormuz, Could It Factor Into Israel-Iran Conflict?», *Al Jazeera,* 14 junio 2025, https://www.aljazeera.com/news/2025/6/14/what-is-the-strait-of-hormuz-could-it-factor-into-israel-iran-conflict.
11. Karimi y Gambrell, «China, Iran and Russia».
12. «Navy Chief Declares Full Readiness of Iranian Armed Forces», *Mehr News Agency,* 26 enero 2026, https://en.mehrnews.com/news/241101/Iran-Navy-chief-vows-full-readiness-to-take-on-enemy.
13. Robin Wright, «Iran's Eye-for-an-Eye Strategy in the Gulf», *New Yorker,* 19 julio 2019, https://www.newyorker.com/news/our-columnists/irans-eye-for-an-eye-strategy-in-the-gulf.

CAPÍTULO 5

1. J. R. R. Tolkien, Gandalf, *The Lord of the Rings: The Return of the King, The Quotations Page,* 6 febrero 2026, http://www.quotationspage.com/quote/31806.html.
2. Charles Dyer y Mark Tobey, *Clash of Kingdoms: What the Bible Says About Russia, ISIS, Iran, and the End Times* (Nashville: Thomas Nelson, 2017), p. 46.
3. Joel C. Rosenberg, «Putin Rising: But Is He "Gog"?», *Joel C. Rosenberg's Blog,* 17 agosto 2011, https://flashtrafficblog.allisrael.com/2011/08/17/putin-rising-but-is-he-gog/.
4. Thomas Grove, «Czar Vladimir? Putin Acolytes Want to Bring Back the Monarchy», *Wall Street Journal,* 13 diciembre 2018, https://www.wsj.com/articles/czar-vladimir-putin-acolytes-want-to-bring-back-the-monarchy-11544732680.
5. Josephus, *Antiquities* 1.6.1.
6. El estudioso hebreo Gesenius identificó a «Rosh» como Rusia. Gesenius, *Gesenius' Hebrew-Chaldee Lexicon to the Old Testament* (Michigan: Eerdmans, 1949), p. 752. Para una excelente exposición de los argumentos gramaticales y filológicos a favor de considerar «Rosh» como un topónimo, ver: James D. Price, «Rosh: An Ancient Land Known to Ezekiel», *Grace Theological Journal* 6 (1985): pp. 67–89; Clyde E. Billington, Jr., «The Rosh People in History and Prophecy (Part One)», *Michigan Theological Journal* 3 (1992): pp. 55–64; Clyde E. Billington, Jr., «The Rosh People in History and Prophecy (Part Two)», *Michigan Theological Journal* 3 (1992): pp. 143–174; Clyde E. Billington, Jr., «The Rosh People in History and Prophecy (Part Three)», *Michigan Theological Journal* 4 (1993): pp. 39–62; Jon Mark Ruthven y Ihab Griess, *The Prophecy That Is Shaping History: New Research on Ezekiel's Vision of the End* (Florida: Xulon Press, 2003), pp. 61–62.
7. Katie Sanders, «Did Vladimir Putin Call the Breakup of the USSR 'The Greatest Geopolitical Tragedy of the 20th Century?'», *PolitiFact,* 6 marzo 2014, https://www.politifact.com/punditfact/statements/2014/mar/06/john-bolton/did-vladimir-putin-call-breakup-ussr-greatest-geop/.
8. Amine Ghoulidid, «Russia's Libya Push Should Alarm the U.S. and Europe», *The Heritage Foundation,* 30 junio 2025, https://www.heritage.org/global-politics/commentary/russias-libya-push-should-alarm-the-us-and-europe-0.
9. Josephus, Antiquities 1.6.1. Yamauchi proporciona una descripción

exhaustiva de los antiguos escitas. Edwin M. Yamauchi, *Foes from the Northern Frontier* (Baker, 1992), pp. 64–109.

10. «Turkey Opposed to Anyone That Stands by Israel, says Erdogan», *Ahval News,* 29 julio 2019, https://ahvalnews.com/turkey-israel/turkey-opposed-anyone-stands-israel-says-erdogan.
11. Seth Frantzman, «Turkey Eyes More Influence in Iraq, Syria, Gaza After Deal», *The Jerusalem Post,* 12 octubre 2025, https://www.jpost.com/middle-east/article-870117.
12. Arnold Fruchtenbaum, *Las Huellas del Mesías: Un Estudio de la Secuencia de Eventos Proféticos* (Texas: Ariel Ministries, 2016), pp. 111–112. Un lugar conocido como Tarsis se encontraba en la costa oriental de África, aunque su ubicación exacta es desconocida. Algunos sitúan a Tarsis en Inglaterra y, desde esta perspectiva, argumentan que los mercaderes de Tarsis son las colonias y posteriormente las naciones que surgieron de Inglaterra. Esta interpretación se utiliza para identificar a Estados Unidos como los «leoncillos de Tarsis». Rechazo esta postura, pues es demasiado débil basarse en esta expresión críptica para encontrar a Estados Unidos en la profecía de Ezequiel.
13. John Phillips, *Exploring the Future: A Comprehensive Guide to Bible Prophecy* (Michigan: Kregel, 2003), p. 316.
14. Behnam Ben Taleblu, «The Uncomfortable Reality of Russia and Iran's New Defense Relationship», *War on the Rocks,* 22 julio 2024, https://warontherocks.com/2024/07/the-uncomfortable-reality-of-russia-and-irans-new-defense-relationship/; ver también, «How Iran's drones supercharged Russia's 1,000-day fight in Ukraine», *Iran International,* 19 noviembre 2024, https://www.iranintl.com/en/202411197064.
15. «The Fall of the Assad Regime: Regional and International Power Shifts», *Stiftung Wissenschaft und Politik,* diciembre 2024, https://www.swp-berlin.org/en/publication/the-fall-of-the-assad-regime-regional-and-international-power-shifts.
16. Lazar Berman, «Israel Hit Nuke Weapons Research Site in Iran Last Month, Set Back Program—Report», *The Times of Israel,* 16 noviembre 2024, https://www.timesofisrael.com/israel-targeted-secret-nuclear-weapons-research-in-iran-strikes-last-month-report/. Ver también, «Hezbollah Is Weakened, But Still Dangerous», *The Washington Institute,* https://www.washingtoninstitute.org/policy-analysis/hezbollah-weakened-still-dangerous, y ver, «Syria's Assad Resigns and Leaves the Country After Stunning Rebel Blitz, Russia Says», *ABC News,*

9 diciembre 2024, https://abcnews.go.com/Internationalsyrian-rebels-claimed-4-cities-24-hours-now/story?id=116562929.

17. «Mahdism: The Apocalyptic Ideology Behind Iran's Nuclear Program», *Middle East Forum,* 21 diciembre 2023, https://www.meforum.org/mahdism-the-apocalyptic-ideology-behind-iran; ver también, «Real-Time Analysis: Iran After the Israeli Strikes: Regime Change Remains Unlikely but Not Impossible», *New Lines Institute,* 18 junio 2025, https://newlinesinstitute.org/strategic-competition/regional-competition/real-time-analysis-iran-after-the-israeli-strikes-regime-change-remains-unlikely-but-not-impossible/.
18. Joel C. Rosenberg, «Putin Rising: But Is He "Gog"?», *Joel C. Rosenberg's Blog,* 17 agosto 2011, https://flashtrafficblog.allisrael.com/2011/08/17/putin-rising-but-is-he-gog/.

CAPÍTULO 6

1. «D-Day Fast Facts», *CNN,* 11 junio 2019, https://www.cnn.com/2013/06/03/world/europe/d-day-fast-facts/index.html.
2. Walter C. Kaiser, Jr., *Preaching and Teaching the Last Things: Old Testament Eschatology for the Life of the Church* (Michigan: Baker Academic, 2011), p. 90.
3. Kaiser, *Preaching and Teaching the Last Things,* pp. 89–90.
4. Joel C. Rosenberg, *Epicentro: Entérese cómo los acontecimientos en el Medio Oriente cambiarán su futuro* (Ilinois: Tyndale Español, 2007), p. 165.
5. Situar esta invasión antes del arrebatamiento resulta problemático, porque Ezequiel ubica la invasión en los «últimos años» (Ezequiel 38:8) y en los «postreros días» (Ezequiel 38:16) de la historia de Israel. Mientras la iglesia aún esté en la tierra, el programa final de Dios para Israel seguirá en pausa. Los últimos años para Israel comenzarán con el período de la Tribulación.
6. Una razón por la que algunos equiparan estos dos eventos es que ambos mencionan un gran banquete de aves (Ezequiel 39:17–21 y Apocalipsis 19:17–18). El problema principal con identificar Ezequiel 38 con la batalla de Armagedón es que Ezequiel afirma que la invasión ocurrirá en un tiempo en que Israel estará «en reposo» y «habitando con seguridad». Armagedón ocurre al final de la Tribulación, que es precisamente un momento en que Israel estará en peligro. Ubicar Ezequiel 38 al final de la Tribulación no cumple con este marcador cronológico.
7. La única mención de Gog y Magog fuera de Ezequiel 38–39 se encuentra en Apocalipsis 20:8. Por esta razón, muchos consideran que identificar ambos pasajes es la solución más sencilla respecto al momento de la

invasión. Sin embargo, hay dos argumentos en contra. Primero, Ezequiel 38 menciona naciones específicas que vendrán contra Israel, mientras que Apocalipsis 20 se refiere a todas las naciones. Segundo, Ezequiel 38–39 ocurre antes del milenio y de la restauración final de Israel, mientras que Apocalipsis 20:8 sucede después del reinado milenario de Cristo descrito en Apocalipsis 20:1–6. Esto plantea una pregunta interesante: si son dos batallas distintas separadas por más de mil años, ¿por qué ambas se llaman Gog y Magog? La explicación preferida es que Juan usa la expresión del Antiguo Testamento de forma resumida, como cuando se usa la palabra Waterloo. O bien, emplea el término de manera similar a como se distinguen dos grandes guerras en el mismo lugar como la Primera y la Segunda Guerra Mundial. El uso de «Gog y Magog» indica una guerra total contra Dios y su pueblo, donde los invasores son destruidos por intervención sobrenatural.

8. John F. Walvoord, *The Nations in Prophecy* (Michigan: Zondervan, 1967), p. 110.
9. David Jeremiah, *¿Es este el fin? Señales de la providencia divina en un nuevo mundo preocupante* (Nashville: Grupo Nelson, 2016), p. 237.
10. Walvoord, *The Nations in Prophecy,* p. 110.
11. Walvoord, *The Nations in Prophecy,* p. 115.
12. Warren W. Wiersbe, *The Wiersbe Bible Commentary: Old Testament* (David C. Cook, 2007), p. 1334.
13. David Axe, «After Losing 15,000 Vehicles, Some Russian Troops in Ukraine Are Riding Horses», *Forbes,* 4 febrero 2025, https://www.forbes.com/sites/davidaxe/2025/02/04/after-losing-15000-vehicles-some-russian-troops-in-ukraine-are-riding-horses/.
14. «Send in the Cavalry. The Russian Army Plans to Formalize Its Use of Horses on the Battlefield in Ukraine, Media Reports», *Meduza,* 2 octubre 2025, https://meduza.io/en/feature/2025/10/02/send-in-the-cavalry.
15. Albert Einstein, «I know not what weapons…», *Goodreads,* 6 febrero 2026, https://www.goodreads.com/quotes/14977-i-know-not-with-what-weapons-world-war-iii-will.
16. Charles C. Ryrie, *The Ryrie Study Bible* (Illinois: Moody, 1995), nota al pie en p. 1326.
17. Christopher J. H. Wright, *The Message of Ezekiel* (Illinois: IVP Academic, 2001), p. 322.

CAPÍTULO 7

1. Adrian Rogers, *Apocalipsis: El Fin de los Tiempos: El Triunfo del Cordero de Dios* (Tennessee: B & H, 2007), p. 142.

2. Charles H. Dyer, *World News and Bible Prophecy* (lllinois: Tyndale, s. f.), p. 13.
3. «Top Iran General Says Destroying Israel 'Achievable Goal'», *Daily Mail,* 30 septiembre 2019, https://www.dailymail.co.uk/news/article-7520939/Top-Iranian-general-says-destroying-Israel-achievable-goal.html.
4. «Antisemitic and Anti-Israeli Attacks Rise Since October 7, 2023», *Reuters,* 2 octubre 2025, https://www.reuters.com/world/americas/antisemitic-anti-israeli-attacks-around-world-since-october-7-2023-2025-10-02/.
5. «Antisemitic and Anti-Israeli Attacks Rise Since October 7, 2023».

CAPÍTULO 8

1. Alexander Fraser Tytler, «Tytler's Cycle», *In Between Two Worlds,* 18 mayo 2014, https://www.in-between.org.uk/history/tytlers-cycle/.
2. Para un panorama más profundo de los distintos puntos de vista, ver Mark Hitchcock, *The Late Great United States* (Multnomah Books, 2009).
3. Joel C. Rosenberg, *Implosion: Can America Recover from Its Economic and Spiritual Challenges in Time?* (Illinois: Tyndale, 2012), p. 125.
4. Drew Desilver, «Key Facts About the U.S. National Debt», *Pew Research*, 12 agosto 2025, https://www.pewresearch.org/short-reads/2025/08/12/key-facts-about-the-us-national-debt/.
5. Mitchell Nemeth, «18 Facts on the US National Debt That Are Almost Too Hard to Believe», *Foundation for Economic Education*, 17 septiembre 2019, https://fee.org/articles/18-facts-on-the-us-national-debt-that-are-almost-too-hard-to-believe/.
6. Jeff Kinley, *The End of America? Bible Prophecy and a Country in Crisis* (Oregon: Harvest House, 2017), p. 104.
7. Kinley, *The End of America?,* p. 98.
8. Kinley, *The End of America?,* p. 104.
9. Julia Manchester, «Analyst Says US Is Most Divided Since Civil War», *The Hill,* 3 octubre 2018, https://thehill.com/hilltv/what-americas-thinking/409718-analyst-says-the-us-is-the-most-divided-since-the-civl-war.
10. Steve Chapman, «Is America More Politically Polarized than Ever? Not Quite», *Chicago Tribune,* 21 septiembre 2018, https://www.chicagotribune.com/columns/steve-chapman/ct-perspec-chapman-polarized-america-civil-war-0923-20180921-story.html.
11. Aris Folley, «GOP Lawmaker Invokes Possibility of 'Civil War' After House Votes on Trump Impeachment Procedures», *The Hill,* 31 octubre 2019,

https://thehill.com/homenews/house/468419-gop-lawmaker-invokes-civil-war-after-house-votes-on-trump-impeachment.
12. Bill O'Reilly, «The War over Donald Trump», *Bill O'Reilly.com*, 26 septiembre 2019, https://www.billoreilly.com/b/The-War-Over-Donald-Trump/580335624758333012.html.
13. Eleanor Pringle, «Ray Dalio Says the U.S. Is Headed for Civil War...», *Fortune*, 10 octubre 2025, https://fortune.com/2025/10/10/ray-dalio-us-civil-war-tests-of-power/.
14. Jeffrey M. Jones, «Americans Agree Nation Is Divided on Key Values», *Gallup*, 23 septiembre 2024, https://news.gallup.com/poll/650828/americans-agree-nation-divided-key-values.aspx.
15. Jamie Seidel, «The Second US Civil War», *news.com.au*, 6 enero 2019, https://www.news.com.au/lifestyle/real-life/news-life/the-second-us-civil-war/news-story/ec43b36de5f5f9f11e478a8fc71ea2dc.
16. Seidel, «The Second US Civil War».
17. Kinley, *The End of America?*, pp. 193–97.
18. Kinley, *The End of America?*, pp. 197–99.

CAPÍTULO 9

1. David Jeremiah, *El libro de las señales: 31 profecías indiscutibles del Apocalipsis* (Nashville: Grupo Nelson, 2019), p. 40.
2. Jeremiah, *El libro de las señales*, pp. 40-41.
3. Warren W. Wiersbe, *The Wiersbe Bible Commentary: Old Testament* (David C. Cook, 2007), pp. 1332–33.
4. Adaptado de Robert J. Morgan, *Preocúpate menos, vive más: La receta de Dios para una vida mejor* (Florida: Editorial Unilit, 2020), pp. 56–57.
5. Max Lucado, *Esperanza inconmovible: Cómo edificar nuestras vidas sobre las promesas de Dios* (Nashville: Grupo Nelson, 2018), p. 11.
6. «Quotes by Vance Havner», *Grace Quotes*, 6 febrero 2026, https://gracequotes.org/author-quote/vance-havner/.
7. Kyle Davison Bair, «Iran: The World's Fastest-Growing Christian Evangelical Community», *Medium*, 4 junio 2024, https://medium.com/hope-youre-curious/iran-the-worlds-fastest-growing-christian-evangelical-community-9f887bacf13a.

¿HAS LEÍDO ALGO BRILLANTE Y QUIERES CONTÁRSELO AL MUNDO?

Ayuda a otros lectores a encontrar este libro:

- Publica una reseña en nuestra página de Facebook **@GrupoNelson**
- Publica una foto en tu cuenta de redes sociales y comparte por qué te agradó.
- Manda un mensaje a un amigo a quien también le gustaría, o mejor, regálale una copia.

¡Déjanos una reseña si el libro te gustó! Es una buena manera de ayudar a los autores y de mostrar su aprecio!

Visítanos en **GrupoNelson.com** y síguenos en nuestras redes sociales.

www.ingramcontent.com/pod-product-compliance
Lightning Source LLC
LaVergne TN
LVHW030010280526
839945LV00016B/129

* 9 7 8 1 4 0 0 2 6 2 1 5 1 *